山东省社会科学规划研究项目"生态马克思主义的逻辑理路及现实意义"（18CKSJ04）

教育部高校示范马克思主义学院和优秀教学科研团队建设项目"马克思主义关于人与自然关系的思想教学研究"（19JDSZK100）研究成果

批判与构建

——萨拉·萨卡生态社会主义思想研究

李国锋 著

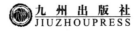

九 州 出 版 社

JIUZHOUPRESS

图书在版编目（CIP）数据

批判与构建：萨拉·萨卡生态社会主义思想研究 /
李国锋著 . -- 北京：九州出版社，2021.9

ISBN 978 - 7 - 5225 - 0427 - 8

Ⅰ . ①批… Ⅱ . ①李… Ⅲ . ①萨拉·萨卡—生态社会
主义—思想评论 Ⅳ . ①D091.6

中国版本图书馆 CIP 数据核字（2021）第 168262 号

批判与构建：萨拉·萨卡生态社会主义思想研究

作　　者	李国锋　著
责任编辑	姬登杰
出版发行	九州出版社
地　　址	北京市西城区阜外大街甲 35 号（100037）
发行电话	（010）68992190/3/5/6
网　　址	www.jiuzhoupress.com
印　　刷	唐山才智印刷有限公司
开　　本	710 毫米×1000 毫米　16 开
印　　张	15
字　　数	180 千字
版　　次	2021 年 9 月第 1 版
印　　次	2021 年 9 月第 1 次印刷
书　　号	ISBN 978 - 7 - 5225 - 0427 - 8
定　　价	95.00 元

目 录
CONTENTS

导　言

在 1978 年出版的《西方马克思主义概论》中，本·阿格尔（Ben Agger）首次提出了"生态社会主义"（eco-socialism）概念，指出生态社会主义"旨在用马克思主义的方向来指导生态运动，从而使我们能够提出介于能源浪费的资本主义和能源浪费的极权的社会主义之间的'第三条道路'"。① 20 世纪八九十年代，国际共产主义运动进入空前低潮时期，由此引发了一场社会主义命运与发展前途的激烈大讨论。在这场声势浩大的讨论中，生态社会主义因对构建新型社会主义见解独特而引人注目，它强调经济、政治、文化要与生态环境协调发展，提出了以实现自然、社会与人和谐发展为目标。在当今时代，生态社会主义因综合考量了社会主义前途和生态危机的解决而得到了许多人的支持，甚至有人乐观地预言其将成为 21 世纪"最有生命力的社会主义思潮"。②

与生态学马克思主义研究领域的情况不同，欧洲学者一直占据生态社会主义研究的领导地位。20 世纪七八十年代，比较活跃的生态社会

---

① ［加］本·阿格尔. 西方马克思主义概论［M］. 慎之，等译. 北京：中国人民大学出版社，1991：237.

② 俞可平. 全球化时代的"社会主义"［M］. 北京：中央编译出版社，1998：209.

主义研究者主要有巴里·康门纳（Barry Commoner）、威廉·莱易斯（William Leiss）、安德烈·高兹（André Gorz）、本·阿格尔，到了 90 年代，比较活跃的是戴维·佩珀（David Pepper）、泰德·本顿（Ted Benton）、瑞尼尔·格伦德曼（Reiner Grundmann），而"最具代表性"的生态社会主义研究者当属萨拉·萨卡。

萨拉·萨卡（Saral Sarkar, 1936— ）是 20 世纪 90 年代以来最为活跃的生态社会主义者之一。1936 年，萨卡出生于印度西孟加拉邦的一个多子女普通家庭。毕业于加尔各答大学的萨卡，1966 年至 1981 年曾在海得拉巴的歌德学院执教，其间学习了 5 年德语和德国文学。1982 年，萨卡移居德国科隆市，受不断壮大的西方绿色运动的影响，他积极参与德国生态环境运动与和平运动，是德国绿党成员和社会主义者，并在 1997—2005 年积极参与反全球化运动，发表了很多关于绿色左翼、选择性政治的论文与著作，成为当代欧洲生态社会主义理论的代表性学者之一。

自 20 世纪 90 年代以来，萨卡先后出版了《西德的绿色选择政治》（*Green – Alternative Politics in West Germany*）、《生态社会主义还是生态资本主义？——人类根本性选择的批判性分析》（*Eco-socialism or Eco-capitalism? A Critical Analysis of Humanity's Fundamental Choices*）、《资本主义的危机——一种不同的政治经济学研究》（*The Crises of Capitalism：A Different Study of Political Economy*）等生态政治著作，发表了《生态社会主义还是野蛮堕落？——一种对资本主义的新批判》（*Eco-socialism or Barbarism? An Up – to – date Critique of Capitalism*）、《生态社会主义的前景》（*Prospects For Eco-socialism*）、《人口过剩争议背景下建设生态社会主义的建议》（*A Proposal For An Eco-socialist Synthesis in The Overpopu-*

lation Dispute）等有关生态社会主义命题的学术论文。萨卡的生态社会主义思想独具特色，他称之为"面向 21 世纪的科学社会主义""激进的生态社会主义"。

萨卡给自己的定位是："不仅是一名社会主义者，还是西德绿党的一名积极分子、生态与和平运动的活动家。"①　正如其所言，萨卡不仅是一名思想独特的理论家，同时还是一名积极的活动家。他不仅积极思考人类经济社会发展问题，传播环境保护理论，而且将自己的理论付诸实践，游走于世界多个国家和地区积极参加各种环境保护活动。他反对过度工业化，关注世界环境保护。为此，萨卡到世界各国积极参加有关绿色政治、生态社会主义建设的国际会议和论坛，并且借助于国际互联网阐述自己的学术观点。

与其他生态社会主义者明显不同，萨卡用很多实例来论证自己的观点，他的分析和结论是建立在大量的实证材料的基础上的；他认为传统的社会主义和资本主义是"同一个工业社会"的两个变种，二者的区别不在于生活水平，而在于价值观；他探讨了苏联模式社会主义失败的生态学原因，认为它从一开始就面临着环境和资源的增长极限，由此导致的生态恶化最终和新阶级、社会主义道德沦丧一并葬送了社会主义；他剖析了工业化生产模式的、基于自由市场的资本主义经济和局部调整后的生态资本主义，指出它们终将和苏联面临同样的命运，都不能提供对环境破坏和社会非正义的解决方案。

关于社会主义的前景，萨卡的基本看法是：无论是"现实存在的社会主义"还是"生态改良的资本主义"都不可能解决人类当前的生

---

① ［印］萨拉·萨卡. 生态社会主义还是生态资本主义 [M]. 张淑兰译. 济南：山东大学出版社，2012：1.

态环境危机，他"主张一个基于替代性进步观念（世界经济与人口规模萎缩、生态道德新人培育）的根本不同的绿色未来"。① 萨卡生态社会主义思想的核心是"重构"社会主义，认为未来社会主义的基本框架包括：（1）世界经济与社会发展的可持续性；（2）工业经济低速增长并逐渐收缩，从而达到一个稳定状态；（3）人们生活水平普遍下降，但幸福指数甚至上升；（4）社会成员根据个人能力，按比例分摊下降的生活水平；（5）必需的社会平等，能够保障所有人获得最低限度的商品与服务和预防社会冲突的升级；（6）有计划、有秩序地撤退，计划包括价格控制；（7）停止人口增长，控制人口规模；（8）提高社会道德，实现可持续发展。②

萨卡的生态社会主义设想用心良苦，他对社会主义和资本主义的生态批判，不仅丰富了马克思主义的社会批判理论，加深了人们对当代资本主义反生态本质的认识，而且使人们清楚地看到，资本主义生产方式才是导致生态环境危机的真正根源。他描绘的未来生态社会主义画卷，给人们带来了温暖和希望。但怎奈曲高和寡，他的一些生态社会主义主张确实存在一些值得辩证思考的地方。但不管怎样，他对人与自然关系、社会主义的未来乃至人类未来的忧患意识是值得我们深入思考的。

一、研究意义

本研究从当前人类面临的全球性生态危机出发，立足于国内外生态文明建设的实践，系统阐释了印度籍德国生态政治理论家、生态社会主

---

① 郇庆治. 重建现代文明的根基——生态社会主义研究［M］. 北京：北京大学出版社，2010：7.

② Saral Sarkar. *Eco-socialism or Eco-capitalism*［M］. London and New York：Zed Books，1999：p. 202.

义思想著名代表人物萨拉·萨卡的生态社会主义思想，以期把握生态社会主义理论前沿和其对于中国特色社会主义生态文明建设的现实意义。

（一）理论意义

1. 对萨卡生态社会主义思想的研究具有一定的理论前沿性，把握了生态社会主义研究的最新动向和趋势

近年来，国内学者有关生态社会主义的研究性著作和学术论文日趋增多，理论视野迅速扩大。概括来说，具有以下四个方面的特点：一是关于生态社会主义全景式综合研究，如陈永森、郇庆治的生态社会主义主要理论派别研究、时青昊的生态社会主义发展脉络研究等；二是关于生态社会主义专题性研究，如郑国玉的生态社会主义构想研究等；三是在研究生态马克思主义的同时一并讨论生态社会主义，如李世书的生态学马克思主义的自然观研究、王雨辰的生态批判与绿色乌托邦研究等；四是在讨论西方生态问题时涉及生态社会主义研究，如陈学明的生态文明论研究、郇庆治的生态主义哲学研究和欧洲绿党研究等。应该说，这些研究成果还是比较丰富的，但综合起来看，上述研究主要存在以下两个方面的问题：其一，从研究内容来说，已有研究对生态社会主义理论的介绍性、综合性研究较多，对这一思潮代表性人物的研究深度和高度尚显不足，特别是对 20 世纪 90 年代中期以来的生态社会主义者研究较少；其二，从研究思路来说，现有研究成果多局限于理论本身泛泛而论，鲜有立足于传统社会主义和现实社会主义的建设实际展开研究，实际的利用价值和可操作性有限。

郇庆治认为，"将生态社会主义理论与社会主义实践特别是我们正在从事的有中国特色社会主义实践相结合，既是社会主义建设本身的强

烈的现实需要，也会构成生态社会主义理论研究深入与具体化的重要契机"。① 萨卡是当代欧洲生态税理论研究的主要代表人物，其于1999年出版的《生态社会主义还是生态资本主义》被誉为"90年代中期以来最具代表性的生态社会主义著作"，已被译成多国文字出版。国内尚没有对萨卡生态社会主义思想全面性研究的专著，对其部分观点的探讨零星地或浅尝辄止地出现在部分文献中，缺乏系统性深入研究。本研究在现有成果的基础上，参阅了萨卡自20世纪70年代以来的全部著述，系统梳理了萨卡生态社会主义思想并对其进行了客观评价，不仅展现了萨卡与其他生态社会主义者在学术谱系方面的关联和差异，而且更清晰地描绘出当前国内生态社会主义研究的理论图景，这对于追踪、把握生态社会主义思想研究的学术前沿问题具有积极的意义。

2. 对萨卡生态社会主义思想的研究有助于进一步丰富马克思恩格斯生态思想，拓展了马克思历史唯物主义的生态学视域

关于马克思恩格斯的生态思想，生态学马克思主义内部呈现出两种不同的理论派别——"肯定派"和"否定派"，即"马克思的生态学"和"生态学马克思主义"。前者以加拿大学者威廉·莱易斯和本·阿格尔、美国学者约翰·贝拉米·福斯特（John Bellamy Foster）和霍华德·帕森斯（Howard Parsons）等为代表，认为马克思恩格斯经典作家的文本中已经蕴含有丰富的甚至明确的生态学思想，马克思主义本身就是"绿色"的。后者以英国学者泰德·本顿、美国学者詹姆斯·奥康纳（James O'Connor）、法国学者安德烈·高兹等为代表，质疑马克思拥有生态思想或认为其生态思想需要大力挖掘。本研究通过梳理萨卡的生

① 郇庆治. 重建现代文明的根基——生态社会主义研究［M］. 北京：北京大学出版社，2010：26.

态社会主义思想，基本认定他属于马克思主义生态思想的"否定派"，因为他将马克思或传统马克思主义归于"增长的乐观派"，认为其忽视了自然资源和增长的极限。以此为基础，萨卡着重从生态学视角分析了苏联模式社会主义失败的原因，揭示了资本主义的虚幻性和反生态本质，并系统提出了未来社会主义发展的"绿色"构想。

虽然萨卡否认马克思、恩格斯具有丰富的生态思想，但他仍然继承了马克思主义关于人与自然、人与社会、社会与自然辩证统一的优良传统。因此，本研究系统梳理了萨卡的"人与自然的整体性""自由人联合体"、人口理论、可持续性发展等理论，由此丰富了马克思主义的生态学思想；结合传统社会主义建设实际，客观评价了生态学视域内萨卡对苏联模式社会主义失败原因的剖析，拓展了马克思历史唯物主义的生态学视域。本研究通过系统阐释萨卡的生态社会主义思想，力图对马克思恩格斯生态思想做多角度的挖掘，以求进一步丰富马克思主义生态学理论。

（二）现实意义

1. 有助于反思国外生态文明建设

历史的车轮滚滚前行，人类社会发展轨迹不断演变，生态社会/文明建设逐步进入了传统社会主义和欧美资本主义国家建设的视野，世人试图寻求一条人与自然和平相处的发展道路。

在马克思主义指导下，苏联和东欧的一系列民族国家相继推翻了资本主义社会，逐步过渡到社会主义社会，并尝试在社会主义建设的同时进行生态建设。然而，20世纪八九十年代，苏联解体、东欧剧变宣告了这一进程的中断。梳理国际社会主义运动的低迷与生态文明建设的关系，作为一个重要的议题摆在了当前社会主义建设者的面前。对照以工业化、市场化为基础的资本主义的发展历程，我们不难发现，资本积累的律令与市场竞争的综合作用必然导致生态环境质量日趋恶化，全球性环境污染"输出"和"转嫁"变得越发不可遏制；此起彼伏的"生态资本主义"主张令人目不暇接，而且看似精致，实则跳不出资本增长逻辑的宿命，只不过是昙花一现。

面对残酷的现实，生态社会主义者既正视了上述国家生态文明建设的成功经验，同时也尖锐地指出了其各自先天的缺陷。萨卡认为，苏联模式"社会主义"的失败充分证明，单单社会主义理念本身是不能保证自动与生态友好的价值观念与制度框架对接的，即是说在"经典社会主义"语境下已无讨论生态文明的必要和意义，社会主义必须"重构"才能新生；而至于"生态化的资本主义""资本主义的可持续增长"等概念，其所依托的理论假设都不过是一些不切实际的幻想，确信无疑的是，"如今资本主义制度本身也处于崩溃的危险之中"。①

研究萨卡对苏联模式社会主义和资本主义的生态学批判，有助于我们以史为鉴，立足人类发展视野，在历史文本与现实逻辑的结合中探讨人与人、人与自然、社会与生态的关系这一永恒话题。国外生态文明建设固然有不足和失败的惨痛教训，但透过萨卡基于实证材料的分析，我们也能一窥既有的成功经验，从而在宏观维度上深化对人类社会发展规律的认识。

2. 有助于促进中国特色社会主义生态文明建设

萨卡认为，"人类比以往更加迫切需要做出抉择……要么生态社会

---

① ［印］萨拉·萨卡. 申森译. 生态资本主义的幻象 ［J］. 鄱阳湖学刊，2014（1）：5-11.

主义，要么蛮荒主义"。① 与世界上许多国家相似，中国在社会主义现代化建设过程中也面临着严峻的生态环境问题。在中国特色社会主义的时代背景下，生态文明作为人类文明的新形态，其目标指向和实践追求与社会主义制度具有内在的逻辑一致性和现实的历史必然性，是破解当前日益严重的生态危机的有效方式。从党的十七大报告第一次明确提出建设"生态文明"的战略任务到党的十八大报告号召"大力推进生态文明建设""努力建设美丽中国，实现中华民族永续发展"，从《中共中央国务院关于加快推进生态文明建设的意见》的发布到十九大报告不仅提出了解决生态文明问题的总体指导思想而且提出了切实可行的具体措施，无不表明中国特色社会主义生态文明建设战略地位的提升，足见我们党对中国特色社会主义总体布局认识的深化，深刻表明"以生态导向的现代化"建设是中国特色社会主义的必然战略选择。

在中国特色社会主义生态文明建设的伟大实践中，我们除坚持以马克思主义理论为指导外，还须对国内外学界日新月异的生态文明理论进行反思和升华，在人类文明转向的重大历史关头顺应潮流、把握方向、敢于超越性地想象与设计。虽然萨卡描绘的生态社会主义蓝图与我国现实的社会主义理想有所不同，但对中国道路、中国社会主义事业发展充满启迪，他认为中国满足解决可能出现的生态与资源危机并创建一个可持续社会的两个前提条件。所以，本研究通过梳理萨卡的文本著述，归纳提升其思想观点、辩证分析其理论得失，以求从中汲取对于我国社会主义生态文明建设的启示。

---

① Sara Sarkar. *Eco-socialism or Eco-capitalism* ［M］. London and New York：Zed Books，1999，pp. 277 – 278.

二、国内外研究现状及述评

(一) 国外研究现状述评

在西方学术界，学者对于萨拉·萨卡的生态社会主义的主要观点是基本肯定的。国外学者们肯定萨卡关于在现有世界经济政治国际秩序中不可能真正解决环境问题的结论，赞同他对资本主义"反生态"本性的揭露，支持他关于"绿色"社会主义的构想。

2008 年，德国生态社会主义活动家、环境主义者布鲁诺·科恩 (Bruno Kern) 与萨拉·萨卡合著的《生态社会主义还是野蛮堕落?——一种对资本主义的新批判》(*Eco-socialism of Barbarism? An Up – to – date Critique of Capitalism*) 以小册子的形式在伦敦出版。在这本薄薄的小册子中，两位学者一致认为生态危机是当前最紧迫的社会问题，衡量经济活动时必须"能够保证自然环境维持其再生产的限度内的经济活动的数量和质量"; 共同批驳了经济增长的拥戴者可持续发展资本主义的幻想，认为即使在经济增长时期，资本主义经济模式也不可能根本解决失业问题，更不用说经济趋向停滞或萧条的时期了; 两人共同要求必须而且只能由国家承担起有计划、有组织地退缩的任务，以避免出现可怕的混乱和灾难; 一致赞同生态社会主义是时代的呼唤，主张把平等、正义、合作、团结和自由作为重要价值观来考虑，号召"个体之间和世界各民族之间的团结与和平共处"，"在全世界建立一种生态社会主义社会"。①

与萨卡基本同时代的英国学者戴维·佩珀同为生态社会主义者，他

---

① [德] 萨拉·萨卡，布鲁诺·科恩. 生态社会主义还是野蛮堕落?——一种对资本主义的新批判 [J]. 陈慧，林震译. 马克思主义与现实，2011 (3): 145 – 153.

在自己的代表作《生态社会主义：从深生态学到社会正义》中赞同萨卡对于马克思主义的态度，他写道："正如萨卡所说：'问题的关键不是发现真正的马克思……目的不是拯救马克思主义，而是为了发现真理……。'"①佩珀在对封建主义做历史分析时，其结论同萨卡一样，赞同封建社会"是一个紧密联系的认知共同体社会，尽管在很多方面是压抑性的，但在某些方面仍是'生态中心论的'"。② 但在谈到对未来"共同体"的设想时，佩珀批评"像萨卡那样的空想家""经常把西班牙的欧文式合作社或以色列的集体农庄称赞为公社主义的顶点"，这种做法"需要理智化"。③ 对于"革命性的变革如何成为可能"，佩珀反对萨卡的观点，指出"在斯大林主义之后"，包括萨卡在内的"许多西方社会主义者陷入了一个困境。他们想避开先锋队主义，而且也许完全接受无政府主义的论断"。④ 在谈到"选择性的社会"时，佩珀支持萨卡的观点，认为萨卡"论证了一个比无政府主义更宽泛、更具革命潜能的反文化或亚文化"，这是"一个与统治着的现存制度和附属它的阶级有明显差异的'选择性社会'"。⑤

当然，生态社会主义阵营内部也不乏萨卡思想的反对者，最为激烈的是来自加拿大的生态社会主义者伊恩·安格斯（Ian Angus）。早在

---

① ［英］戴维·佩珀. 生态社会主义：从深生态学到社会正义［M］. 刘颖译. 济南：山东大学出版社，2012：4.
② ［英］戴维·佩珀. 生态社会主义：从深生态学到社会正义［M］. 刘颖译. 济南：山东大学出版社，2012：84.
③ ［英］戴维·佩珀. 生态社会主义：从深生态学到社会正义［M］. 刘颖译. 济南：山东大学出版社，2012：141.
④ ［英］戴维·佩珀. 生态社会主义：从深生态学到社会正义［M］. 刘颖译. 济南：山东大学出版社，2012：149.
⑤ ［英］戴维·佩珀. 生态社会主义：从深生态学到社会正义［M］. 刘颖译. 济南：山东大学出版社，2012：153.

2009 年的一次国际研讨会上，安格斯就明确表示自己不同意将人看作资源危机的根源，他说："我唯一不同意这种说法的地方是，它把这种责任归咎于'人'这一抽象的范畴。事实上，这一后果是全球性的资本主义制度以及从资本主义的持续增长中获取利润的小部分剥削阶级所引起的。绝大多数人是受害者，而不是肇事者。"① 2011 年 5 月初，萨拉·萨卡撰写了《地球母亲与深生态学》（*Pachamama and Deep Ecology*）一文，后经海尔格（Helga）将其翻译成英文后提交到生态社会主义国际（Ecosocialist International Network，EIN）雅虎在线讨论小组。这篇文章讨论了玻利维亚通过的《地球母亲法》（*The Law of Mother Earth*）和玻利维亚总统莫拉莱斯的言论，② 赞同减少人口数量并从地球上的大部分地区撤退，将这些地方重新变成不受人类活动干预的荒野的主张，认为它们象征着一个走向社会主义的政党准备为生态社会主义开辟道路。由此引发了以萨卡为代表的一方与以安格斯为代表的一方的一系列论辩，主要围绕马尔萨斯人口原理、人口与生态环境的关系等问题展开了激烈交锋。③

安格斯一方认为，萨卡主张减少人口、迁移人口的观点是在理论上反马克思和反人类的，因而在现实中是难以执行的，他们实际上捍卫的是马尔萨斯人口原理，带有"种族排斥"的标签，不利于社会团结。

---

① ［加］伊恩·安格斯. 为后代而斗争：一位生态社会主义者的观点［J］. 姚单华摘译. 国外理论动态，2009（11）：70-74.

② 2011 年，玻利维亚恢复了高原印第安人旧式的对地球母亲的顶礼膜拜，政府官员及社会草根团体一致同意确立了《地球母亲法》。玻利维亚计划成为世界首个赋予自然"人权"的国家，人与自然将拥有平等的地位和权利，这一法律也成为宪法的组成部分。据玻利维亚总统莫拉莱斯所说，甚至地球母亲的权利比人类的权利来得重要。

③ Saral Sarkar. *Pachamama and Deep Ecology*［EB/OL］. http：//groups. yahoo. com/group/ EI-Network / message /4493，2011-5-12.

同属安格斯阵营的富兰克林·德米特里耶夫（Franklin Dmitriyev）主要从两个方面批判了萨卡对马尔萨斯人口原理的捍卫：第一，错误地将人口趋势、经济趋势和政治生态学看作自然法则，这必将导致完全错误的结论；第二，错误地认为存在着超越历史的自然法则，机械地分离了马尔萨斯的人口原理同形成的方式。美国生态学马克思主义者福斯特也基本支持安格斯的观点。福斯特认为，"就生物圈整体受到威胁而言，要记住这类事情并不是发生在世界人口增长率最高的地区，而是发生在世界资本积累最高的地区。在经济与生态废料已成为一种生活方式的地方，也恰恰是构成最大危险的地方"。①

此外，著者借助于 Elsevier 的 SD 全文库和 SD 电子图书、EBSCO/ASC&BSC 全文期刊数据库、施普林格 Springer 电子期刊全文数据库、Google 学术搜索、读秀搜索和 E 读搜索等主要搜索平台得知，萨卡的《生态社会主义还是生态资本主义》一书被约翰·科沃尔（J. Kovel）等引用 77 次，《西德的绿色选择政治》一书被乔治·庞德（G. Poddar）等引用 29 次，除此之外，萨卡的其他著述被引用达三百多次，在此不再一一赘述。

总而言之，国外学者对萨卡"激进的生态社会主义"思想的研究方兴未艾，大部分学者肯定萨卡对生态危机的担忧，认可其对生态危机的根源、可持续发展、道德提升的重要性的分析。但也有不少学者对萨卡坚持的增长极限理论、"激进的生态社会主义"设想及实现持质疑甚至否定的态度，这一切都有待于历史发展的明证。

---

① ［美］约翰·贝拉米·福斯特. 生态危机与资本主义［M］. 耿建新，宋兴无译. 上海：上海译文出版社，2006：148.

（二）国内研究现状述评

随着生态文明建设研究的升温，国内学界日益关注马克思主义的生态学理论，对萨卡生态社会主义思想的研究是与对生态学马克思主义思想的研究交织在一起的。自从 1986 年王谨教授在《"生态学马克思主义"和"生态社会主义"》一文中首次引入这两个概念后，国内学者陆续开展了关于生态学马克思主义、生态社会主义等理论的研究。与此相照应，关于萨卡生态社会主义思想的研究也逐渐展开并持续升温。

1. 萨卡本人的重要译著

近几年，国内陆续出版和萨卡本人发表的主要著述概括如下。

著作方面，2008 年，山东大学的张淑兰翻译出版了萨卡的代表作《生态社会主义还是生态资本主义》（1999），这是萨卡著作在国内的第一本中译本，此书的出版为我国学者全面研究萨卡"激进的生态社会主义"思想奠定了基础。截至目前，《生态社会主义还是生态资本主义》一书被译为德文、英文、中文、法文等出版，被学界视为当代欧洲生态社会主义理论研究最具代表性的著作。而萨卡的《西德的绿色选择政治》和《资本主义的危机：一种不同的政治经济学研究》仍未被翻译成中文出版。论文方面，近年来，萨卡本人在《马克思主义与现实》《国外理论动态》《中国地质大学学报（社会科学版）》等国内期刊上陆续发表了《生态社会主义还是野蛮堕落？——一种对资本主义的新批判》（2011）、《当代资本主义危机的政治生态学批判》（2013）、《两种不同的人口危机：生态社会主义视角》（2014）、《红政治新发展：激进绿色左翼的思考——萨拉·萨卡访谈录》（2014）等数篇论文。萨拉·萨卡的生态社会主义思想逐渐进入了国外马克思主义、当代社会思潮、环境伦理学等学科或专业的课堂，国内学界对其思想的关注持续升温。

2. 国内研究著作

2008 年，上海人民出版社出版了时青昊的专著《20 世纪 90 年代以后的生态社会主义》。① 在这本著作中，时青昊用较大篇幅介绍并评价了萨卡的生态社会主义思想。（1）在该书的第二章关于"对苏联和东欧生态教训的反思"部分，时青昊介绍了萨卡的《生态社会主义还是生态资本主义？——人类根本性学者的批判性分析》一书，认为"萨卡以翔实的资料揭示了苏联的生态问题，从'增长的极限'角度分析了苏联解体的原因，并提出'社会主义社会必须符合增长极限的要求'"。②（2）在该书的第三章第一节"生态社会主义对苏联生态教训的反思"部分，时青昊写道，"对这个问题进行全面深入研究的是德国的萨卡""对这个问题论述得最充分的是德国的萨卡"，并大量引用了萨卡的观点。首先，在"'社会主义'和社会主义"部分，时青昊介绍了萨卡对这两个概念的区分，认可其把苏联和东欧的社会主义和西方的资本主义看成是工业社会的两个变种，并进一步对"社会主义"和社会主义这两个词语做了区分，最后引出萨卡的结论，"'社会主义'死了，但社会主义还没死，社会主义还有前途，但是它必须吸取生态教训"。③ 其次，时青昊概括了萨卡对苏联生态教训的总结，主要包括以下四个方面："在解决生态问题方面，社会主义比资本主义制度更优越；随着大规模的工业化，经济发展压倒了环境保护；苏联的'时代

① 著者注：在这本书中，时青昊将"Saral Sarkar"翻译成"撒鲁尔·萨卡尔"。
② 时青昊. 20 世纪 90 年代以后的生态社会主义［M］. 上海：上海人民出版社，2008：50.
③ 时青昊. 20 世纪 90 年代以后的生态社会主义［M］. 上海：上海人民出版社，2008：50.

精神'与环境保护也存在着矛盾；苏联没有奉行生态帝国主义政策。"
时青昊认为，"苏联的工业化确实超越了粮食生产、资源、环境的承载
能力，但是，在找到一条更好的工业化道路之前，萨卡完全站在生态保
护的立场上否定工业化是不对的"，"萨卡对苏联的工业化完全持否定
态度，这是不妥的"。① 最后，时青昊从农业、工矿业、外贸和社会道
德四个方面，详细介绍了萨卡从"增长极限"角度对苏联粗放型增长
模式的分析，认为"萨卡强调了生态问题对于社会主义的重要性，这
一点是值得肯定的。但是，他的分析也存在着很多缺陷"，② 主要体现
在，一是萨卡过分强调和夸大了"增长的极限"的作用，二是萨卡缺
乏对苏联工业化时期具体历史条件的分析，导致其对苏联工业化的全盘
否定的态度。（3）在该书的第四章"关于生态社会主义社会设想的论
争"部分，时青昊从人类社会的可持续、稳态经济、更低的生活水平、
按比例分担损失、平等、有计划收缩、停止人口增长、道德发展八个方
面描述了萨卡未来生态社会主义构想，认为萨卡坚持生态社会主义反对
资本主义、主张控制人口、反对过度生产和过度消费是"没有错的"，
"但是，萨卡走向了极端，完全站在'生态中心主义'的立场上，他反
对生产力发展，割裂生产力和生产关系，坚持贫穷的社会主义，要求人
们通过'禅宗之路'克制自己的需求，明显具有开历史倒车的倾向，
无论在理论上还是实践上都是行不通的"。③ 在该章关于"实现社会主
义社会的动力"部分，时青昊把当前的生态社会主义分解为"科学社

① 时青昊.20 世纪 90 年代以后的生态社会主义［M］.上海：上海人民出版社，2008：
73.

② 时青昊.20 世纪 90 年代以后的生态社会主义［M］.上海：上海人民出版社，2008：
80.

③ 时青昊.20 世纪 90 年代以后的生态社会主义［M］.上海：上海人民出版社，2008：
111.

会主义"和"新无政府主义"两种倾向，前者把科学技术作为实现未来理想社会的动力，后者把道德看作是实现理想社会的动力，并质疑科学技术的作用。20 世纪 90 年代以后，批判和怀疑科学技术的观点仍然保持着相当大的影响，"德国生态社会主义者萨卡代表了这种科技观"。① 萨卡认为，维持社会的可持续发展、实现理想社会靠个人主义和实用主义价值观是不行的，唯有提升人类道德水平，强化对生产和生活的自我约束，逐步减少需求，才能走向生态社会主义社会。"萨卡尔的观点在 20 世纪七八十年代曾占据生态运动的主流地位，现在仍有一定的影响，它反映了'现代主义'和'后现代主义'论争的一个重要话题：科学与道德的关系。"② 20 世纪 90 年代以后，从后现代主义重返现代主义已经成为一种不可逆转的趋势，"而以萨卡为代表的生态社会主义者仍然坚持后现代主义的立场"，"以道德去对抗资本主义，显然是行不通的，只能是退回到前工业社会，是一条'后退'的道路"。③总之，在《20 世纪 90 年代以后的生态社会主义》中，时青昊认为萨卡的生态社会主义思想带有明显的"深绿派"色彩，从而将其定位为一位"生态中心主义者"和"后现代主义者"。萨卡以大量翔实的资料为出发点，对苏东社会主义解体的原因进行了生态学视角的分析，并精细地描述了未来生态社会主义社会。尽管在很多方面并不赞成萨卡的观点，但时青昊指出，"必须承认，萨卡代表着 20 世纪 90 年代以后生态

---

① 时青昊. 20 世纪 90 年代以后的生态社会主义 [M]. 上海：上海人民出版社，2008：117.

② 时青昊. 20 世纪 90 年代以后的生态社会主义 [M]. 上海：上海人民出版社，2008：118.

③ 时青昊. 20 世纪 90 年代以后的生态社会主义 [M]. 上海：上海人民出版社，2008：122.

社会主义中一种'生态中心主义'观点，而且颇有影响"。①

2010 年，北京大学出版社出版了郇庆治主编的《重建现代文明的根基——生态社会主义研究》一书，在由郇庆治执笔的导言——"生态社会主义研究：进展与评估"中，在谈到当前生态社会主义的研究况时，郇庆治指出，"与生态马克思主义领域研究中的情形不同，欧洲学者在这方面一直占据着领导性地位"，② 他认为"90 年代中期以来最具有代表性的生态社会主义著作应是萨拉·萨卡 1999 年出版的《生态社会主义还是生态资本主义？——人类根本性学者的批判性分析》。这位出生于印度—孟加拉国边界的学者自 80 年代初起活跃于德国绿色政治领域"。③ 郇庆治认为，萨卡将苏联社会主义模式的失败归于环境和资源相关的增长极限，认为基于自由市场和消费主义的资本主义经济包括局部调整后的"生态资本主义"都不可能真正解决生态环境破坏和社会非正义问题。因此，萨卡"主张一个基于替代性进步观念（世界经济与人口规模萎缩、生态道德新人培育）的根本不同的绿色未来，而这种新型的生态社会主义社会必须与基于正义和公众参与的优秀社会主义传统有着某种历史继承性"。④ 而且，郇庆治以萨卡的《生态社会主义的前景》一文作为该书的"结论"，可见其对萨卡生态社会主义思想的重视。2011 年，郇庆治和王立军在分析欧美的"绿色新政"时，

---

① 时青昊. 20 世纪 90 年代以后的生态社会主义 [M]. 上海：上海人民出版社，2008：27.

② 郇庆治. 重建现代文明的根基——生态社会主义研究 [M]. 北京：北京大学出版社，2010：6.

③ 郇庆治. 重建现代文明的根基——生态社会主义研究 [M]. 北京：北京大学出版社，2010：7.

④ 郇庆治. 重建现代文明的根基——生态社会主义研究 [M]. 北京：北京大学出版社，2010：7.

赞同萨卡提出的"美国的外向依赖型经济结构和大众主义消费方式必须发生根本性的改变"的主张。① 郁庆治在《21世纪以来的西方绿色左翼政治理论》中将萨拉·萨卡与布鲁诺·科恩合写的《生态社会主义还是野蛮堕落？——一种对资本主义的新批判》一文誉为"是乔尔·科威尔和迈克尔·洛威2001年发表《生态社会主义宣言》以来最具代表性的'生态社会主义'纲领性文件"。② 2013年，在《包容互鉴：全球视野下的社会主义生态文明》一文中，郁庆治支持萨卡关于"'生态社会主义'选择的必要性"的观点，但同时指出"在另一个重要议题即'物质富裕'或'经济繁荣'上走得最远的也许是萨拉·萨卡"，他得出结论说"我们也许不必急于考虑如何响应萨拉·萨卡所提出的'经济退缩'的建议"。③

2014年，解保军在哈尔滨工业大学出版社出版了《生态学马克思主义名著导读》一书，这是为了满足研究生教学需要而编写的一本辅助性教材。在有限的篇幅中，著者坚持马克思哲学的批判精神和实事求是的原则，按照目前国内大多数学者的看法，选择了能够充分展现生态学马克思主义理论精髓的主要名著，逐个对它们进行了认真研读。在此书的第七章，"重点介绍了欧洲当代生态社会主义理论的代表人物萨拉·萨卡的观点。他在生态社会主义理论方面的重要贡献就是对'生

---

① 郁庆治，王立军.欧美"绿色新政"：一种政治生态学分析［J］.鄱阳湖学刊，2011（2）：24–34.

② 郁庆治.21世纪以来的西方绿色左翼政治理论［J］.马克思主义与现实，2011（3）：127–139.

③ 郁庆治."包容互鉴"：全球视野下的"社会主义生态文明"［J］.当代世界与社会主义，2013（2）：14–22.

态资本主义'的批判"。① 对于"生态资本主义"的主张，大多数生态学马克思主义理论家和生态社会主义者都给予了严厉的批判和揭露。"在这些批判的声音中，当代欧洲生态社会主义的著名学者萨拉·萨卡的批判，无疑是其中的最强音。"② 然后，解保军遵循"苏联模式社会主义失败的生态原因""生态资本主义是不可能的""生态社会主义的愿景"的逻辑路线介绍了萨卡的生态社会主义思想。在第七章的末尾，解保军对萨卡生态社会主义进行了简短的理论评价，认同其"只有重构社会主义才能克服生态危机"的观点，但同时认为"萨卡的生态社会主义主张也存在着一些值得辩证思考的地方"，如"增长的极限"理论本身的合理性值得思考，萨卡对生态税和绿色技术的完全否定的态度"表现了他激进主义的观点"，而萨卡主张的经济收缩和劳动密集型技术优先的社会政策，对广大发展中国家是不合时宜的。值得一提的是，解保军注意到了萨卡所提出的"中国更易于实现生态社会主义"的命题。解保军认为，"只是说中国的发展程度和文化传统更符合生态社会主义的要求，中国的社会主义与生态社会主义在很多方面有契合点，并不是说中国的未来就是生态社会主义"，中国党和政府提出的"社会主义生态文明"理论"与生态社会主义的主张有着原则的区别"。③ 总之，在《生态学马克思主义名著导读》中，解保军虽然将萨卡的生态社会主义思想定位于"非主流阵营"，但他承认包括萨卡在内的生态学马克思主义者对"生态资本主义"进行了深刻的批判，"他们的生态社会主

---

① 解保军. 生态学马克思主义名著导读［M］. 哈尔滨：哈尔滨工业大学出版社，2014：3.

② 解保军. 生态学马克思主义名著导读［M］. 哈尔滨：哈尔滨工业大学出版社，2014：165.

③ 解保军. 生态学马克思主义名著导读［M］. 哈尔滨：哈尔滨工业大学出版社，2014：177.

20

义思想都是当代社会主义思想发展的硕果，都对中国特色社会主义的生态文明建设有着重要的借鉴和参考的价值"。①

　　2015 年 4 月，陈永森、蔡华杰出版了《人的解放与自然的解放——生态社会主义研究》这一专门研究生态社会主义的著作。② 他们以"萨卡：不求发展只求可持续"为题目，从五个方面介绍了萨卡的生态社会主义思想：（1）人类无法避免人类中心主义；（2）人类的发展遇到了"增长的极限"；（3）苏联模式的不可持续性；（4）生态资本主义不可能解决生态问题；（5）生态社会主义社会是可持续的社会。在每一部分的结尾，两位学者还对萨卡的相关思想进行了客观的评价。归纳起来说，两位学者对萨卡的评价可大致分为两个方面：一方面，赞同萨卡作为"当代欧洲生态社会主义理论的代表性学者之一"的学术地位，肯定萨卡对于生态社会主义理论的贡献，认为萨卡所坚持的人类中心主义是一种国际主义，这使萨卡高出其他人类中心主义者，认为萨卡从"增长的极限"和"道德的沦丧"研究苏联东欧社会主义国家蜕变的视角是独特的，对资本主义的批判是深刻的，认为"萨卡提出的一系列很严肃的问题值得我们深刻地思考"；③ 另一方面，两位学者也认为萨卡的部分观点"有简单化倾向"和乌托邦色彩，如认为技术与人口因素决定环境危机、"增长的极限"理论导致苏联解体、把发展与可持续对立起来、把生态社会主义的实现完全寄托在道德觉悟上甚至"禅宗之路"上。总之，陈永森和蔡华杰两位学者比较客观、详细地介

---

① 解保军. 生态学马克思主义名著导读［M］. 哈尔滨：哈尔滨工业大学出版社，2014：177.

② 陈永森，蔡华杰. 人的解放与自然的解放——生态社会主义研究［M］. 北京：学习出版社，2015.

③ 陈永森，蔡华杰. 人的解放与自然的解放——生态社会主义研究［M］. 北京：学习出版社，2015：427.

绍了萨卡的生态社会主义思想，对其评价也比较中肯，既看到了后者思想独具特色的一面，也意识到其理论曲高和寡的尴尬，"但不管怎样，他的忧患意识很值得我们更深入地思考"。①

3. 关于萨卡生态社会主义思想的学术研究论文

近几年，随着国内学界关于国外马克思主义研究热潮的兴起，关于萨卡的研究论文也逐渐多了起来。主要概括如下：

2014 年 6 月，蒋小竞主要以萨拉·萨卡《生态社会主义还是生态资本主义》一书为文本依据，以"简论萨拉·萨卡的生态社会主义思想及其当代价值"为题提交了硕士学位论文，②着重阐述了萨拉·萨卡生态社会主义理论的主要内容，大致展示了其思想原貌。在此基础上，蒋小竞认为萨卡生态社会主义思想具有三方面的理论价值："给马克思理论家族增添了新亮点，给社会主义理论增添了新内容，给生态文明问题增添了新看法"；提出了萨卡生态社会主义理论三方面的局限性："否认科学技术发展潜力和人的创造性的潜力，经济收缩战略的乌托邦性，否定工人阶级的革命性"；结合社会主义生态文明建设实际，总结出四点启示："环境问题就是政治问题、经济增长要适度、公众参与要扩大、环境道德秩序要重建"。在论文的"结语"部分，蒋小竞赞叹萨卡掌握的大量资料以及透视问题的能力，佩服其对社会主义事业的忠诚和对人类命运的关心，但也坦承"萨卡关于生态危机问题的解决方式存在着缺陷和不足"，指出社会主义生态文明建设应该坚持科学发展观，走中国特色社会主义道路。

① 陈永森，蔡华杰. 人的解放与自然的解放——生态社会主义研究［M］. 北京：学习出版社，2015：402.
② 蒋小竞. 简论萨拉·萨卡的生态社会主义思想及其当代价值［D］. 南京：南京信息工程大学，2014.

同年 12 月，中央民族大学的谢景海从经济思想视角出发，以"萨拉·萨卡的生态社会主义经济思想研究"为题进行了自己的硕士学位论文研究。① 谢景海认为，"萨拉·萨卡的生态社会主义理论建立在'经济收缩'前提下"，无论萨卡对生态资本主义和市场社会主义的批判抑或是提出的生态社会主义的主张和实现方式，都立足于批判经济增长的范式，将其都归因于没有摆脱对经济增长和市场的迷恋。谢景海指出，一方面，萨卡的生态社会主义思想为解决日益严峻的全球性生态危机提供了丰富的想象空间，对中国生态文明建设具有多方面的借鉴意义，我们要挖掘其对社会主义生态文明建设的理论启迪，构建有中国特色的稳态经济模式。但另一方面，谢景海也注意到，萨卡建立在"经济收缩"前提下的生态社会主义理论存在一些不合理之处，"对发展中的中国来讲并不完全适用"，所以我们要将其作为一种理论参照，在分析中国生态危机问题时积极借鉴萨卡的生态社会主义经济理论，从中国国情出发对中国济制度上进行思考和改进，构建人与自然和谐相处的经济新常态。

2015 年 7 月，哈尔滨工业大学的刘娅以"萨拉·萨卡的生态社会主义思想及中国解读"为题，提交了自己的硕士学位论文。② 这篇论文从萨卡生态社会主义思想产生的时代背景和理论渊源入手，以全面解析萨卡生态社会主义思想为写作重点，落脚于对其思想的借鉴与超越。刘娅认为，从整体上来说，萨卡的生态社会主义思想加深了社会主义的内涵，指明了未来社会主义的实现道路，丰富了马克思的批判理论，但其

---

① 谢景海. 萨拉·萨卡的生态社会主义经济思想研究 [D]. 北京：中央民族大学，2014.

② 刘娅. 萨拉·萨卡的生态社会主义思想及中国解读 [D]. 哈尔滨：哈尔滨工业大学，2015.

经济零增长、分散的小规模生产、依赖于道德进步等观点具有浓重的"乌托邦"色彩，所以萨卡属于"非科学社会主义"。结合社会主义改革攻坚阶段的特点和以生态文明、政治文明为核心的美丽中国建设，刘娅指出要汲取萨卡生态社会主义思想中的合理成分，构建稳态经济发展模式，完善生态税的征收机制，塑造理性生态新人，推进社会平等与民主。

　　姜佑福将以萨卡为代表的"激进的生态社会主义"归结为"当代生态社会主义思潮包含两种基本的理论面相"之一，指出其是"以'生态'为首要原则"。通过与以戴维·佩珀为代表的"红绿联盟的生态社会主义"的比较，他认为"萨拉·萨卡则因其对所谓生态社会主义价值观和新道德、新文化的决定性作用的宣扬，而更近似于一种以单纯的美好愿望加诸社会现实之上的乌托邦"。但他同时也十分鲜明地肯定萨卡"从马克思主义的视野出发对生态社会主义基本面相和内在理论张力的深入剖析，有助于我们更好地理解当今世界的社会现实，从而采取更恰当的应对生态危机问题的行动方式"。①

　　蔡华杰在《"第一时代"社会主义的生态环境问题——西方生态社会主义者的先行研究》一文中客观分析了萨卡以及其他生态社会主义者对苏联环境问题的评价，指出了他们认识的缺陷和对于社会主义制度发展的积极意义。② 在《人口是环境破坏的原因吗——评生态社会主义内部的一场论辩》这篇文章中，蔡华杰既肯定了萨卡的人口理论对我国经济社会发展的积极作用，同时也中肯地指出萨卡"反对工业化，

---

①　姜佑福.生态社会主义的两种基本面相及其内在理论张力［J］.马克思主义与现实，2010（6）：91 - 95.

②　蔡华杰."第一时代"社会主义的生态环境问题——西方生态社会主义者的先行研究［J］.西南交通大学学报（社会科学版），2013（2）：125 - 130.

反对任何形式的增长，主张经济收缩的观点在一个发展成为世界性主题的时代里"，"有'冒天下之大不韪'之嫌"。① 在《只有重构社会主义才能克服生态危机——萨拉·萨卡的生态社会主义思想论析》一文中，蔡华杰认为"萨卡的核心观点——只有重构社会主义才能克服生态危机……使我们进一步认清资本的负面效应，也警示我们对经济增长、扩大消费要做出一个客观、理性的评价"，但"萨卡的理论也存在着一些值得进一步探讨的地方"，"我们应有一个客观的态度，不能完全否定"。关于萨卡理论对于中国的发展的意义，蔡华杰指出"萨卡所指出的中国更易于实现生态社会主义也只是指出了中国所具有的一些保护生态环境的有利条件，但中国的未来未必就是按萨卡指出的走向生态社会主义社会，我们有理由相信能在中国特色社会主义的旗帜下实现自己的生态文明"。②

此外，张永刚和钟明华在《萨拉·萨卡生态社会主义的伦理诉求》一文中对萨卡的生态社会主义思想从可持续发展、平等与大众参与和社会主义新人三个方面做了分析，认为"萨卡的生态社会主义思想为解决日益增长的全球生态环境问题提供了丰富的想象空间，是对科学社会主义理论的有益补充"。③ 徐春深入挖掘了萨卡生态社会主义思想对于中国的价值，认为萨卡指明了社会主义社会实现经济社会可持续发展的基本思路，即是通过改变生产关系达到经济稳定，提倡适度消费，实现社会平等，由此保证幸福指数。"这些对于中国生态文明建设具有一定

① 蔡华杰. 人口是环境破坏的原因吗——评生态社会主义内部的一场论辩 [J]. 华中科技大学学报（社会科学版），2010（6）：108 – 114.
② 蔡华杰. 只有重构社会主义才能克服生态危机——萨拉·萨卡的生态社会主义思想论析 [J]. 中国地质大学学报（社会科学版），2010（5）：6 – 11.
③ 张永刚，钟明华. 萨拉·萨卡生态社会主义的伦理诉求 [J]. 教学与研究，2013（7）：85 – 91.

的启发意义。"① 蔡仕炳在《略论生态学马克思主义的循环消费思想》中肯定了萨卡关于物质和能量循环利用的思想及技术在其中的运用。② 徐志宏和周杨在《论生态市场经济与社会主义制度的契合》一文中借助萨卡关于生态经济和社会主义的关系来论证"只有社会主义制度才能实现与生态市场经济的真正融合"。③ 蒋小竞认为"萨拉·萨卡是 20 世纪 90 年代生态马克思主义的重要代表人物",其《萨拉·萨卡生态社会主义思想的缘起》一文着重探究了萨拉·萨卡生态社会主义思想产生的时代背景和理论基础。④ 除以上代表性论述外,部分国内学者还从其他方面关涉到萨卡的生态社会主义思想,因篇幅所限,在此不再一一赘述。

综上所述,国内外学界对萨卡"激进的生态社会主义"思想的研究,无论在理论的深度还是广度上都取得了较为丰富的成果,对于中国特色社会主义生态文明建设具有重要的理论价值和现实意义。但仍然有一些问题需要进一步深化研究,主要包括:第一,有关著述多从不同视角分别对萨卡的生态社会主义观点展开介绍性、碎片式研究,其中不免杂乱零散甚至重复,整体性、系统性研究亟待加强;第二,相关研究多以翻译、介绍、评价为主,对于萨卡的生态社会主义思想的理论内涵、逻辑框架挖掘得不够充分;第三,多偏重于理论性研究,将萨卡的生态

---

① 徐春. 萨拉·萨卡生态社会主义的中国价值 [J]. 岭南学刊, 2011 (1):107 – 112.

② 蔡仕炳. 略论生态学马克思主义的循环消费思想 [J]. 当代社科视野, 2010 (3):19 – 21.

③ 徐志宏,周杨. 论生态市场经济与社会主义制度的契合 [J]. 黑龙江社会科学, 2010 (5):26 – 29.

④ 蒋小竞. 萨拉·萨卡生态社会主义思想的缘起 [J]. 人民论坛, 2013 (6):224 – 226.

社会主义思想与中国特色社会主义建设特别是社会主义生态文明建设的实践结合不足，对其理论的现实价值尚待进一步发掘。

三、研究内容、研究方法

（一）研究内容

本书以日益严峻的全球性生态危机和备受关注的两大主要社会制度的变化为背景，以马克思主义关于人与自然的关系理论为基础，运用历时性和逻辑性相结合、原始文本解读与理论分析相结合、个案研究与群体研究相结合的"三结合"方法，通过对萨拉·萨卡研究者特别是其本人所有文献的阅读，全面系统地提炼了其对于苏联模式社会主义和生态资本主义必然崩溃的生态学解读，描绘了其崇尚的以自由、平等、合作为价值观的生态社会主义的理想蓝图，阐释了其对马克思主义政治经济学和历史唯物主义生态维度的批判与建构，客观地评析了其生态社会主义思想的理论价值和局限性，力图弥补国内学界在生态社会主义个案研究领域的不足，力争为社会主义生态文明、美丽中国建设提供理论支撑。

研究萨卡的生态社会主义思想具有一定的理论前沿性，增添了生态社会主义研究的新亮点，丰富和发展了马克思主义。虽然近年来理论界对萨卡的生态社会主义思想的关注度越来越高，但从总体上说研究尚处于起步阶段。本书将以翔实的文本材料为依托，综合运用多种研究方法对其生态社会主义思想进行全面和系统的研究。

第一章介绍了萨卡生态社会主义思想产生的时代背景和理论渊源。

20世纪60年代以来，错综复杂的社会现实和纵横交错的理论学派构成了萨卡生态社会主义思想产生的背景和渊源。肆虐全球的生态危机、"红绿交融"的生态社会主义运动和绿党政治、战后国际共产主义运动的低迷、新兴发展中国家对未来发展道路的探索等，构成了萨卡生态社会主义思想产生的时代背景。马克思关于人与自然关系的理论、西方生态社会主义理论、罗马俱乐部的"增长极限理论"和布伦特兰夫人的可持续发展论等对萨卡生态社会主义思想的形成和发展产生了重大影响。

第二章至第四章是本研究的主体内容，主要阐述了萨卡对传统社会主义的失效性的分析、对"生态资本主义"幻象性的揭露和对未来生态社会主义的超越激情的想象。

第二章介绍萨卡对苏联模式社会主义崩溃的生态学分析。萨卡以自己掌握的大量历史材料为依据，将苏联模式社会主义失败的原因归结为忽视了"增长的极限"、不可避免的生态危机、拥有特权的"新阶级"的出现和社会主义社会的"道德沦丧"。萨卡首先肯定了苏联社会主义建设的成就，但在"增长的乐观主义"的驱使下，苏联长期忽视工业经济和生态之间的矛盾，忽视生态成本，忽视资源的极限和技术解决方案的局限性，导致大自然的报复，从而加剧了社会与自然资源之间的矛盾。加之社会主义理想与现实的矛盾难以有效解决，产生了大量的腐败和官僚主义，滋生出了拥有特权的"新阶级"，进而导致全社会"社会主义"道德的沦丧。再加上苏联在特定国际环境下的社会构型危机，最终导致苏联社会主义不可避免地走向"公地的悲剧"。

第三章介绍了萨卡对现实资本主义向"生态资本主义"过渡幻象性的批判。萨卡认为生态和能源危机是资本主义社会的"钳夹式危机"，是当前资本主义社会危机持续加深的根源。由此出发，萨卡指出现实资本主义制度下的利润动机和竞争机制，必然导致资本主义生态化市场力失效和生态凯恩斯主义、稳态资本主义的虚幻性，可持续的生态经济或者向生态经济的成功转型难以实现。进一步，萨卡认为当今盛行的消费模式必然加剧增长的极限以及生态的恶化，资本主义工业社会也因此走向末路，一个局部调整后的所谓"生态资本主义"并不能从根本上提供解决环境破坏和社会非正义的可行方案。最后，萨卡将上述系列失败归因于现实资本主义价值观念的内在矛盾，主要表现为市场是自主还是被驯化、平等或不平等、竞争或合作等基本理念，从而深刻揭露了资本主义的反生态本质。

第四章介绍了萨卡对未来"可持续的生态社会主义"的绿色构想。萨卡从经济民主、就业问题、可持续发展三个方面的不可能性，认定市场社会主义因不能满足社会主义的价值观而不是真正的社会主义。萨卡强调，真正的社会主义必须是"合生态"因而是可持续的：平等、团结、合作和可持续发展是生态社会主义的价值取向；生态社会主义的基本议题或特征表现在——工业经济必须经过一个"收缩"过程、人民能够承受较低的生活水平（幸福指数不一定下降）、按比例分摊为接受较低的生活水平所付出的牺牲、实现社会平等、有计划有秩序地"撤退"、停止人口增长、提高道德水平。从现实出发，萨卡还展望了生态社会主义的发展前景，认为尽管其近期的前景并不乐观，但在发达工业化国家中也能找到某些积极的变革迹象，相比之下，包括中国在内的第三世界的国家成功的机会更大一些。

第五章对萨卡的生态社会主义思想进行了客观的评析。本部分分别从生态政治、社会公平、社会主义"新人"培育三个维度挖掘了萨卡生态社会主义思想独有的理论价值，认为这是对马克思主义生态思想、社会发展理论和绿色政治理论的继承和发展。萨卡将生态危机的总根源归为资本主义生产方式，提倡社会主义的"生态化"基本发展方向，认为"一个世界"是根治生态危机的根本原则，呈现出强烈的时代感和现实性。在中国特色社会主义建设视域中，萨卡关于培育社会主义"新人"、适度的经济增长以及"文化与生态共生"的观点为社会主义生态文明建设提供重要的理论支撑，具有重要的意义。但是，萨卡反对经济的全球化、过分强调道德的作用、提倡公有制而抛弃市场经济、偏信分权制等局限性使其生态社会主义制度设计具有一定程度的乌托邦色彩。

（二）研究方法

（1）文本解读与理论分析相结合：以文本的深度耕犁为基础，批判地阅读相关研究文献，透视萨卡"激进的生态社会主义"的主要内容和特征，在有机链条中展现其理论特质，恰当评估其思想的学术地位和学理意义。

（2）历时性和逻辑性相结合：对萨卡"激进的生态社会主义"思想的源生和进程的考察主要采用历时性方法，对其生态社会主义思想体系的统摄、课题内容的安排及其与当代社会主义的关系则注重学理逻辑上的关联，并将二者有机融合。

（3）个案研究与群体研究相结合：以特定问题为断面，分别探寻萨卡与东西方马克思主义者、生态学马克思主义者在对待马克思恩格斯与生态学原则的关系、生态危机产生发展的总根源、苏联模式社会主义失败与环境的关系、资本主义与生态危机的关系、社会主义的前提和未来走向等问题上的差异，重在提炼萨卡生态社会主义思想的生成脉络、问题意识和逻辑取向。

四、相关概念的界定

综览国内学界相关的学术专著和论文，生态马克思主义、生态学马克思主义、生态学的马克思主义、生态社会主义、生态学社会主义这些提法或概念我们经常碰到。经过对照不难发现，这些概念无一例外地来自西方理论界。其中，生态马克思主义、生态学马克思主义和生态学的马克思主义源于一个英文术语 ecological marxism，大多数情况下以简称的 eco-marxism 或 ecomarxism 的面目出现；而生态社会主义和生态学社会主义源于另一个英文术语 ecological socialism，大多数情况下以简称的 eco-socialism 或 ecosocialism 的面目出现。对同一个英文术语之所以会出现表述不统一的情况，主要是因翻译者的语言习惯造成的，无须加以区分和比较。

本书需要重点界定的是生态社会主义和生态学马克思主义这两个概念的使用。在国外学界，有学者将二者做了严格区分。按照本·阿格尔的说法，生态学马克思主义"是从资本主义的扩张动力来寻找挥霍性的工业生产的原因的"，所以它是马克思主义的。它"认为不仅资本主义生产过程中存在着根深蒂固的矛盾，而且生产过程据以同整个生态系统相互作用的方式也存在着根深蒂固的矛盾。""它把矛盾置于资本主义生产与整个生态系统之间的基本矛盾这一高度，认为资本主义生产的扩张动力由于环境对增长有着不可避免的、难以消除的制约而不得不最终受到抑制。"① 关于生态社会主义，英国生态学马克思主义者戴维·佩珀认为它拒斥生物的和自然的神秘化以及任何反人类主义，坚持认为盛行的社会经济体系是生态危机最可能的原因，强调人不是污染者，所以生态社会主义是人类中心主义的和人文主义的。②

---

① ［加］本·阿格尔. 西方马克思主义概论［M］. 慎之，等译. 北京：中国人民大学出版社，1991：420.
② David Pepper. *Eco-socialism：From Deep Ecology to Social Justice*［M］. London and New York：Routledge，1993：232.

　　国内学者使用这两个概念的情况则比较复杂，既有进行严格区分的，也有相互混用的。归纳起来看，主要存在四种代表性观点。（1）把二者截然分开，看作两种不同的理论派别。如王谨、奚广庆把生态学马克思主义和生态社会主义视为同源于西方绿色运动的两种不同的社会思潮，二者的区别在于：生态学马克思主义的基本出发点是"用生态学理论去'补充'马克思主义"，[①]目标在于帮助西方发达工业国家寻求一条既能走向社会主义又能解决生态环境问题的道路，而生态社会主义则是以欧洲绿党为代表的绿色运动以行动纲领的方式提出来的、以生态平衡为基础、以民主权利的实现和人权的充分保障为诉求的社会制度。[②]另外，从技术层面上看，生态学马克思主义和生态社会主义的理论发源地、主要代表人物、理论基础发展历程也各不相同。（2）二者存在某种包含关系，这种观点以俞吾金、陈学明、刘仁胜为代表。其一，俞吾金、陈学明两位学者认为生态社会主义阵营里鱼龙混杂，其中只有带有强烈马克思主义倾向的人才是生态学马克思主义者，除此之外还有鼓吹生态社会主义的生态理论家、绿色运动分子。所以，可以说生态社会主义包含生态学马克思主义。[③]其二，刘仁胜把生态学马克思主义看作是 20 世纪 90 年代以后生态社会主义运动发展的新阶段，是绿色左翼中的左翼。[④]（3）生态学马克思主义和生态社会主义同属于广义意义上的生态学马克思主义，这种观点以郭剑仁为主要代表。他指出生态

---

①　奚广庆，王谨. 西方新社会运动初探［M］. 北京：中国人民大学出版社，1993：190.

②　参见王谨. 生态学马克思主义和生态社会主义［J］. 教学与研究，1986（6）：39 - 44.

③　参见俞吾金，陈学明. 国外马克思主义哲学流派新编·西方马克思主义卷（下册）［M］. 上海：复旦大学出版社，2002：575.

④　参见刘仁胜. 生态学马克思主义概论［M］. 北京：中央编译出版社，2007：5.

学马克思主义强调理论研究，而生态社会主义强调实践。郭剑仁以奥康纳为例，指出"当奥康纳用'生态马克思主义'时，他强调观点的理论性质，当他用'生态社会主义'时，强调理论的实践指向"。①（4）生态社会主义有广义和狭义之分。郇庆治认为，"广义的生态社会主义研究可以概括为三个密切关联的组成部分：生态马克思主义、生态社会主义（狭义）和'红绿'政治运动理论"，所以生态学马克思主义属于广义意义上的生态社会主义。②

著者认为，生态社会主义与生态学马克思主义的区别还是很明显的，不能把它们简单地等同起来。首先，就研究重点而言，生态学马克思主义重在对马克思恩格斯文本的挖掘和理论思考，它的核心性命题是阐明马克思主义理论及其传统对于人类目前面临的生态环境难题的相关性，③ 可以说是生态社会主义研究的主要理论基础，它在哲学上的思考较多而对生态社会主义的可操作性思考较少，长于理论层面而实践操作性稍显欠缺。生态社会主义重在综合考量现代生态环境难题的破解和未来绿色社会制度的设计及其实现，它的核心性命题是在论证资本主义制度是现代生态环境问题总根源的基础上，进一步阐释未来社会主义社会与生态可持续原则的内在相容性。生态社会主义与社会政治运动、新社会运动等社会实践结合得更为紧密，已经成为当代欧洲部分绿党的行动纲领，但它对马克思主义经典作家文本中蕴含的生态思想挖掘较为欠缺。其次，就研究者的身份来看，生态社会主义主张的支持者众多，在

① 郭剑仁．生态地批判——福斯特的生态学马克思主义思想研究［M］．北京：人民出版社，2008：181.
② 郇庆治．重建现代文明的根基——生态社会主义研究［M］．北京：北京大学出版社，2010：2.
③ 郇庆治．重建现代文明的根基——生态社会主义研究［M］．北京：北京大学出版社，2010：2.

生态社会主义阵营里既有追求科学社会主义的马克思主义者，也有主张生态社会主义的生态自治主义者、新无政府主义者等非马克思主义者；反过来看，生态学马克思主义者毫无例外都把生态社会主义看作自己的政治主张，"一个生态社会主义者未必是生态马克思主义者；而一个生态马克思主义者一定是生态社会主义者"。①从总体上看，在内涵上生态社会主义与生态学马克思主义二者的侧重点各有不同，在外延上生态社会主义要大于生态学马克思主义。德国学者汉斯·萨克塞（Hans Sachsse）指出了生态社会主义与生态学马克思主义的关联性，认为生态社会主义"最好被理解成一种立足于马克思主义的主旋律和社会主义的行动主义的、通向生态社会的途径"，因为它是以社会主义作为基本立场的生态学社会方案。② 日本学者岩佐茂主张把社会主义和环境问题联系在一起考虑，指出生态社会主义是"在社会主义的一般概念基础上，尤其把环境问题作为社会主义的重要支柱之一强调的社会"。③

作为两股互为促进和补充的社会思潮，生态社会主义与生态学马克思主义有很多相通之处，我们不应该也不可能把二者截然分开。二者的共同点主要表现在：首先，产生的时代背景基本相似，都是在自然资源问题凸显、生态环境破坏的大背景下对人类未来发展方向的反思和探索；其次，二者都把生态危机看作当前人类社会的严峻问题，并威胁到整个人类社会的存在和发展；再次，二者都主张使用分散的、小规模技术解决生态问题，以符合生态发展规律的"稳态经济"来代替高能耗、

① 陈永森，蔡华杰. 人的解放与自然的解放——生态社会主义研究［M］. 北京：学习出版社，2015：2.
② ［德］汉斯·萨克塞. 生态哲学［M］. 文韬，等译. 北京：东方出版社，1999：126.
③ ［日］岩佐茂. 环境的思想［M］. 韩立新，等译. 北京：中央编译出版社，1997：181.

高排放的资本主义生产方式；最后，二者都提倡通过非暴力革命实现对资本主义社会的替代。

从当前理论界的研究趋势来看，现实中相互包含、相互渗透的生态学马克思主义研究与生态社会主义研究大有合流之势，表现在前者为后者提供深刻全面的理论支持，后者为前者提供理论验证的"试验场"。生态社会主义则愈益注重理论联系实际、强调理论和实践的结合，日渐成为当代世界一股不可小觑的社会思潮和政治力量。在本书中，著者没有刻意对生态学马克思主义和生态社会主义概念做详细的区分，而是采用了广义的生态社会主义概念。生态社会主义既是将生态学原则和社会主义原则相结合的一种理论，又是一种运动，它沿着两条路线行进：一条路线是社会主义者从生态环境视角审视资本主义特别是社会主义未来的发展，另一条路线是绿色分子在社会主义视角下审视生态环境问题。作为 20 世纪 90 年代中期以来最具代表性的生态社会主义者，萨拉·萨卡称自己不仅是一名社会主义者，同时还是西德绿党的一名积极分子、生态与和平运动的活动家，著者就是在广义的生态社会主义理论背景下对其主要理论观点展开了探讨。

第一章

萨卡生态社会主义思想的生成

任何一种理论思潮都不会凭空出现或随意构建，它的产生和发展不仅与当时的社会现实条件密切联系，同时也是在对前人的思想和理论不断改造和继承的基础上建立起来的。萨卡生态社会主义思想是特定的历史和社会条件的产物，其产生有其较为复杂的时代背景。作为当代西方重要的社会思潮之一，萨卡生态社会主义思想的形成不仅与社会现实条件密切相关，也是对前人思想和理论的继承和发展，有着夯实的理论基础。当然，和任何一种社会思潮相似，萨卡生态社会主义思想也经历了一个逐步成熟与日趋完善的发展过程，最终形成了独具特色的理论体系。

第一节　萨卡生态社会主义思想产生的时代背景

一、全球性生态危机的蔓延

人类文明史是人类改造、影响、利用自然，与自然密切互动的过程，是人类的物质生活日益丰富、精神生活日趋提高的过程。在此过程中，人类和自然的关系不断发生着微妙的变化。19世纪以来，伴随着迅猛发展的科学技术革命，社会生产力极大提高。马克思恩格斯在《共产党宣言》中指出："资产阶级革命在它的不到一百年的经济统治中所创造的生产力，比过去一切时代创造的全部生产力还要多，还要大……过去哪一个世纪料想到在社会劳动里蕴藏有这样的生产力呢？"① 进入20世纪70年代，西方工业国家先后进入社会发展的"黄金时期"，经济增长、资源开发和人口增长达到历史最高点，消费水平空前提高。

然而，与空前繁荣的物质文明相伴而生的是幽灵般"从天而降"的环境污染、生态失衡问题。由世界资源研究所（WRI）、联合国环境规划署（UNEP）、联合国开发计划署（UNDP）和世界银行等数个国际组织共同合作出版的系列《世界资源报告》② 显示，全球环境恶化主要表现在以下五个方面：（1）土地资源逐年衰竭，荒漠化和水土流失严重。目前，全世界每分钟损失耕地40公顷，每年流失土壤260亿吨，有10亿以上的人口、40%以上的陆地表面受到荒漠化的影响。荒漠化带给人类的不仅有贫困，还有更深层次的社会动乱，已经不能再从纯粹的生态问题意义上看待荒漠化，它日益成为严重的经济和社会问题。（2）森林植被遭到毁灭。森林是地球上结构最复杂、功能最强大和最稳定的陆地生态系统，在维持生态平衡和生物圈的正常功能上起着重要作用，被人们誉为地球之"肺"。然而，《2010年全球森林资源评估》显示，10个国家或地区已经完全没有森林，另外54个国家的森林面积不到其国土总面积的10%。照这种趋势，170年后全世界的森林将毁灭

---

① 马克思恩格斯选集（第1卷）[M]. 北京：人民出版社，2012：25.

② 《世界资源报告》为丛书，自1986年开始出版。该丛书除了前面几部分对全球环境问题进行评述外，继续保持了以往传统的"世界资源数据表"部分，为研究人员提供了集中世界各大洲146个国家的经济、人口、健康、人类居住、土地利用、粮食、能源、气候、生态环境及污染等各方面的数据。该书为国际16开本，每卷约80万字。现已有英文、法文、西班牙文、阿拉伯文、德文、日文、中文等7个版本。

殆尽。（3）水资源日趋紧张。近几十年来，全世界淡水供需矛盾日渐突出，随着人口的增加，用水量以每年 4%～8% 的速度递增。据联合国调查统计，全球河流的稳定流量的 40% 左右已被污染，全世界约有18 亿人不得不饮用被污染的水。（4）大气污染日趋严重。随着向大气中排放的有害气体急剧增加，全球温室效应加剧，由此带来的酸雨、海平面上升、臭氧层出现的巨大"空洞"等环境恶化现象交相重叠。资料显示，全球已形成以中国中南部为中心的亚洲酸雨区、以德法英等国为中心波及大半个欧洲的北欧酸雨区和包括美国、加拿大在内的北美酸雨区。酸雨不仅对土壤、水体、森林、建筑、名胜古迹等均带来严重危害，造成重大财产损失，更危及人类的生存和发展。（5）物种数量迅速减少。物种是人类潜在的生存资源，物种的盛衰是衡量生态状况的重要标志。据世界《红皮书》统计，20 世纪有 110 个种和亚种的哺乳动物以及 139 个种和亚种的鸟类消失，全球海洋物种的种类在过去 50 年中减少了大约 50%。另据估计，假设濒危物种中的某个主要物种一旦灭绝，随之而来是近六千多种相近的昆虫、螨类、真菌及其他有机物的消失。① 除此之外，人类社会还受到能源危机、电磁辐射污染、核污染、噪声污染、垃圾污染等方面的威胁。20 世纪前半期，发达国家举世震惊的"八大公害"事件，② 宣告了生态危机时代的来临。

这些令人震惊的事实和数字向人们揭示了一个简单而严峻的境况：

---

① 参见蔡建明，李树平. 现代地理科学［M］. 重庆：重庆出版社，1992：56. 国家林业局. 信息革命与当代 10 大生态危机——信息革命与生态文明系列谈（6）［EB/OL］：中国林业网，2013 - 6 - 24.

② 1930 年比利时马斯河谷烟雾事件、1943 年美国洛杉矶光化学烟雾事件、1948 年美国多诺拉烟雾事件、1952 年英国伦敦雾事件、1953 年日本九州岛水俣事件、1955—1972 年日本富山县骨痛病事件、1961 年日本四日市哮喘病事件和 1968 年日本爱知县等 23 个县府的米糠事件。

生态危机已经像"一个狰狞的幽灵正向我们袭来",它不受到国界的限制,肆虐全球。美国未来学派学者阿尔文·托夫勒(Alvin Toffler)无不悲伤地写道:"可以毫不夸张地说,从来没有一个文明,能够创造出这种手段,可以在一夜之间,摧毁一个城市,可以毁灭整个地球。"① 面对这人类从未有过的严峻考验,世界人民被迫思考:生态危机的根源是什么? 人类能否以及如何解决当前的生态危机? 人类社会发展的未来何在?

"一个理性的人不可能只关心经济",② 这是萨卡在生态危机时代对人类活动的郑重劝诫。在萨卡看来,既然我们是人类,我们就应该关心人类的痛苦,"根本不需要哲学的思索,不需要宗教信仰,也不需要方法论",③ 因为没有一个物种希望自己灭绝或增加痛苦。从这种"无法避免的人类中心主义"出发,萨卡认为当今世界真正重要的问题是能否在不破坏环境的前提下维持发展,"创建一个健全的人类社会和一种生态经济,已不再是梦想的事情,因为它们已经成为人类生存的必需"。④

二、生态革命与绿色政治蓬勃发展

环境公害事件的接连出现加剧了人类生存的恐慌,环境问题逐步演变为一个日益受人关注的普遍社会问题,进一步唤醒了人们保护环境的

---

① [美] 阿尔文·托夫勒. 第三次浪潮 [M]. 朱志焱,等译. 北京:生活·读书·新知三联书店,1983:175–176.
② [印] 萨拉·萨卡. 生态社会主义还是生态资本主义 [M]. 张淑兰译. 济南:山东大学出版社,2012:243.
③ 陈永森,蔡华杰. 人的解放与自然的解放——生态社会主义研究 [M]. 北京:学习出版社,2012:10.
④ 陈永森,蔡华杰. 人的解放与自然的解放——生态社会主义研究 [M]. 北京:学习出版社,2012:3.

意识，促进了对现行资本主义生产方式的反思和抗争。

从 20 世纪 50 年代开始，就有人把生态问题纳入革命的轨道。1953 年，美国经济学家和社会学家博尔丁（Kenneth Ewart Boulding）在《组织革命》一书中指出"生态革命"是社会存在的客观条件逐步变化的结果，是人们的理想、观念乃至技术手段的系列变革。1962 年，美国海洋生物学家蕾切尔·卡逊（Rachel Carson）在《寂静的春天》中第一次揭露了人类因滥用农药和化学药剂给自然环境包括人类自身带来的生态灾难，拉开了"生态学时代"的序幕。然而，人们已迷失在对经济增长的极度崇拜和对消费时尚的贪婪追求中，并没有人认真对待环境保护先驱者的忠告。直到 1972 年，罗马俱乐部和美国麻省理工学院教师丹尼斯·梅多斯（Dennis L. Meadows）编写并出版了《增长的极限》，书中预测出人类片面追求经济增长必将导致人类社会的大崩溃，世人才如梦初醒。同年 6 月，联合国第一次人类环境大会在斯德哥尔摩召开，并发布了《只有一个地球的》的报告。这些生态启蒙著作和身边日益凸显的生态危机引发了人们的深层反思，进一步唤醒了人们保护环境的意识。

1970 年 4 月 22 日，由盖洛德·尼尔森和丹尼斯·海斯发起，美国近 2000 万人参加了人类有史以来最大规模的群众性环境保护运动，这是世人生态意识觉醒的重要标志。此后，西方发达国家的广大群众自发地掀起了一场以市民为主体，以保护生态平衡，维护世界和平，保护人们的正当权益为主要内容的环境保护运动，并成立了诸如"环境保护—绿色行动""自然之友""世界卫士""第三条道路行动"等环境保护组织。面对日益广泛的绿色抗议，西方发达工业国家纷纷建立环境管理机构，制定和实行有利于环境保护的法律法令，将生态环境问题纳入国家的政治结构。与此同时，环境保护也进入了国际政治视野。自1970年联合国教科文组织设立"人与生物圈计划"起，联合国及其所属环境保护组织相继制定了一系列的国际环境保护公约，全球环境问题已成为国际政治中的重要议题。

70年代末80年代初，环境保护运动与民主运动、和平运动、女权运动相会合，发展为全球性的群众性生态政治运动。与之相伴的是一支新兴的左翼政治力量——绿党（Green Party）在世界各国的兴起。1972年，新西兰诞生了世界上第一个绿党——新价值党。绿党之"绿"有生态和政治两层含义：一方面，"绿"字代表着生生不息的生命，代表着自然、和谐、和平，这是生态之"绿"；另一方面，"绿"代表着既不偏"左"也不偏"右"，而是"站在正前方"的"第三条道路"，绿党是相对于传统的"红党"（共产党、社会民主党和其他左派组织）和"白党"或"黑党"（资产阶级政党）而言的。从政治观念、组织结构等方面出发，围绕生态环境这一核心议题，绿党倡导建立人与自然的和谐关系。据统计，1979—1989年，在西北欧有15个国家成立了绿党，其中的近120名成员先后成为11个国家的议员。[①] 其中德国的绿党对全球绿党组织产生了极大的影响和推动作用。绿党的出现使生态运动具有了新的特点，力求通过制度化的方式来实现斗争的目标。

德国绿党尽管不是欧洲第一个典型意义上的新型绿党，但它的成员成功进入了全国议会和政府内阁，"毫无疑问是最具有欧洲乃至世界性影响的西欧绿党"。[②] 1982年，移居联邦德国科隆市的萨卡抱着"绿党

---

① 转引自徐艳梅. 生态学马克思主义研究［M］. 北京：社会科学文献出版社，2007：37.

② 郇庆治. 欧洲绿党研究［M］. 济南：山东人民出版社，2000：33.

能真正带来绿色的改变"的初衷，"参加了德国科隆的绿党组织，做了很多关于绿色政治的宣传工作"。① 但后来萨卡发现，绿党沦为"实用主义"的信徒，在现实中不断妥协，其激进绿色新政也在现实中不断失去光泽，所以后来萨卡选择了退出。这段特殊的异国经历使萨卡更清晰地认识到，"西方许多主要的环境运动活动家把生态资本主义看作自己的目标"，② "绿党意识形态的主要基础是生态主义"。③ 但是，萨卡欣赏西德绿党"具有其独特的一面，那就是左翼曾占据了几年的领导地位。他们把对工业社会进行生态重建的思想与他们传统的左翼政治思想结合了起来"，赞同"其目标是建立一个与工业社会相对立并取代工业社会的生态社会或经济"。④

　　可以这么说，萨卡生态社会主义思想的形成过程顺应了生态革命的历史潮流，凸显了其对人类生存与发展问题的关切，表露了其深切的人文情怀。梳理萨卡关于生态社会主义的设想，可以看出它既是对绿党公开宣称的四个基本原则——生态永继（Ecological Sustainability）、草根民主（Grass – root Democracy）、社会正义（Social Justice）、世界和平（World Peace）——的重释，更是一种崭新的超越，形成了自己独具一格的理论特点。

① 王聪聪，萨拉·萨卡. 红绿政治新发展：激进绿色左翼的思考——萨拉·萨卡访谈录［J］. 中国地质大学学报（社会科学版），2014，14（6）：105 – 109.
② ［印］萨拉·萨卡. 生态社会主义还是生态资本主义［M］. 张淑兰译. 济南：山东大学出版社，2012：2.
③ 王聪聪，萨拉·萨卡. 红绿政治新发展：激进绿色左翼的思考——萨拉·萨卡访谈录［J］. 中国地质大学学报（社会科学版），2014，14（6）：105 – 109.
④ ［印］萨拉·萨卡. 生态社会主义还是生态资本主义［M］. 张淑兰译. 济南：山东大学出版社，2012：2.

三、战后国际共产主义运动的持续低潮

在西方资本主义国家，第二次世界大战以后，在新科技革命和凯恩斯主义的推动下，西方发达国家经历了将近 20 年的高速发展，进入了空前繁荣的"黄金时代"，由此带来了社会阶级结构和阶级关系的巨大变化：其一，西方国家普遍实行的福利制度提高了工人的生活质量，拓展了工人阶级的生存空间，导致传统工人阶级逐渐"丧失了阶级意识"，工人运动发生转向，逐步趋向改良主义。其二，科学技术的迅猛发展促进了产业结构的调整，中产阶级迅速增长，逐渐成为社会的主要成分。他们在工人阶级内部是一部分较为"安稳"的人，尽管他们对资本主义怀有不满，但对于劳资纠纷一般不采取激烈的斗争方式，而是多采取和平的方式，享受着一种"舒适的、平滑的、合情合理的、民主的不自由"。① 其三，世界经济全球化的趋势带来劳资关系的全球化运作，使工人运动面临两难选择——要么坚持要求，有可能失去饭碗；要么放弃工资、福利要求，保住工作岗位。这种严峻形势大大压制了工人运动的热情，迫使工会放弃维护工人利益的各项要求。在此情形下，传统意义上的工人运动与国际共产主义运动普遍走向低迷，进入低速发展时期。

在东方社会主义国家，传统社会主义的发展也不尽如人意。由于传统社会主义国家特殊的历史起点和与资本主义对峙的特殊国际环境，它们对以工业化为核心的经济现代化有着更为迫切的政治与社会需求。再加上意识形态的偏见和对马克思经典文本的僵化解读，导致这些国家普

---

① 时青昊. 20 世纪 90 年代以后的生态社会主义 [M]. 上海：上海人民出版社，2009：16.

遍缺乏对自身生态问题的理性观察和深刻反省。从 20 世纪 70 年代中期起，苏联就开始出现区域性的环境问题，1986 年的切尔诺贝利核电站泄漏事故至今仍令人震惊。除了苏联本土之外，实行苏联模式的其他社会主义国家如波兰等国也同样出现了生态危机日趋严重的态势。从 80 年代中后期开始，传统社会主义模式日积月累的弊端终于集中爆发，导致令世人哗然的苏联解体和东欧剧变。传统社会主义"红旗落地"的残酷现实，沉重打击了世人对社会主义前途的美好憧憬，世界社会主义运动也随之陷入迷茫与困惑。

面对新的现实，东西方理论界纷纷从理论和实践两个层面重新思考"什么是社会主义""怎样建设社会主义"这一重大命题。在这股思潮中，各国共产党、左翼人士和关注人类命运和前途的学者从不同角度对苏联模式社会主义的得失、马克思主义的相关理论、社会主义的本质和前途进行积极探索和思考。萨卡认为，在西方，许多左翼政党已经与资本主义达成了妥协，它们"与绿党一样，寻求在资本主义框架内的生态改良"；① 在东方，苏联解体、东欧剧变使社会主义受到了极大的震撼……朝鲜、古巴的社会主义者也不能够成功地保留或成为真正的社会主义社会，"从 1989 年以后我们就已难以看到任何希望"。② 人类要远离日益严重的饥荒、剥削、战火，就必须消除这种混乱并阐明一个明确的前景。在萨卡看来，"生态应该成为所有政策领域的基本前提"，"面对当前的生态危机，我们必须强调社会主义中的生态和绿色元素"。③

---

① 王聪聪，萨拉·萨卡. 红绿政治新发展：激进绿色左翼的思考——萨拉·萨卡访谈录 [J]. 中国地质大学学报（社会科学版），2014，14（6）：105－109.
② [印] 萨拉·萨卡. 生态社会主义还是生态资本主义 [M]. 张淑兰译. 济南：山东大学出版社，2012：2.
③ 王聪聪，萨拉·萨卡. 红绿政治新发展：激进绿色左翼的思考——萨拉·萨卡访谈录 [J]. 中国地质大学学报（社会科学版），2014，14（6）：105－109.

在这里，萨卡呼吁"社会—生态"的重建，强调把社会主义原则和生态原则结合起来，建设一个人们心悦诚服选择的生态社会主义。可见，萨卡的生态社会主义思想是国际共产主义运动低潮时期的顺势而为，是有识之士对如何克服生态危机、创造一个美好的人类社会的"整体思考"。

四、新兴发展中国家对未来道路的积极探索

在亚洲的东部和南部，两个古老又"新兴"的国家的发展深深吸引了萨卡的目光，它们一个是萨卡的祖国印度，另一个是建设有自己特色社会主义的中国。在过去的二十多年中，中国和印度都已经取得了巨大的经济进步和社会发展，并且两大经济体在以一种令人吃惊的速度增长。

在南亚，1947 年印度开始了独立自主的发展历程。印度之父们为独立的印度规定的立国原则是寻求在共产主义和资本主义国家之间的正统的实践之间的中间道路，既不要资本主义，也不要社会主义，而是吸收二者的精华，走具有本国特色的"第三条道路"，实际上就是"综合加超越"。萨拉·萨卡在印度独立时正处于学龄阶段，可以断定，国父们的思想对他的影响很大，"因为他既批判了古典社会主义，也批判了生态资本主义，在综合二者的基础上勾勒出一个新的发展蓝图——'激进的生态社会主义'"。[①] 在实现大国梦想的强烈国家意志的鼓舞下，经过数代人的艰苦努力，印度成功地实现了经济的"赶超式"发展，政治、军事、科技实力等得到了显著提升，综合国力大增，成为世界公

---

① ［印］萨拉·萨卡. 生态社会主义还是生态资本主义［M］. 张淑兰译. 济南：山东大学出版社，2012：1.

认的继中国之后又一个成功改革的范本。但从发展理论的视角看，光鲜辉煌的"印度模式"背后还存在着并不值得夸耀的另一面：贫困问题依然严重、农业发展相对迟缓、就业问题比较突出、社会发展指标相对落后、传统影响和民主体制束缚造成事实上"软政府"的存在。① 祖国的变化在萨卡的心灵里留下了深深的影子。比如，当萨卡还是一个9岁的孩子时，就开始担心自己的父母如何养活6个孩子。② 他对马尔萨斯人口理论的推崇，强烈限制人口规模的主张应该与此有关。即使是后来移居德国，萨卡仍然关注祖国的发展变化，在他的生态社会主义思想总能找到印度发展的影子。

在东亚，新中国更以令世人瞩目的速度迅猛发展。就社会主义中国而言，在改革开放前虽然有一些自身的特点但总体上效仿苏联社会主义建设模式，仍属于苏联模式的社会主义范畴。改革开放以来，中国立足本国国情，一步步突破原有苏联模式的束缚，逐步探索出有中国特色的社会主义发展道路。改革开放四十多年来，中国这样一个占世界人口五分之一、曾经贫困的国家，在相对稳定的政治环境中保持了较快增长，一跃成为世界第二大经济体。即使在2007年以来的全球性经济危机中，中国仍然保持了近7%的年平均增长率，可见中国经济发展的基本面仍然是良好的。这一现象被国外媒体冠以"例外""罕见的乐观迹象"等称谓。2004年5月，美国《时代》周刊高级主编乔舒亚·库珀·拉莫首次阐释了中国道路的若干基本原则、原理，开启了国际学术界普遍关注、研究"中国模式"的新时代。对此，中央编译局俞可平等一些专

---

① 参见张立. 印度发展模式解析［J］. 南亚研究季刊，2008（4）：29 – 38.

② Sarral Sarkar. *Two Different Demographic Crises—Some Eco-socialist Reflections*［EB/OL］. http：//www. saral sarkar@ t – online. de，2013 – 11 –27.

家学者表示赞同"中国模式"概念的提法，认为"中国模式"是改革开放的中国应对全球化挑战的发展战略和治理模式，实质上是作为发展中国家的中国在全球化背景下实现社会现代化的一种战略选择。美国学者约瑟夫·奈（Joseph Nye）在接受记者采访时说："中国的经济增长不仅让发展中国家获益非常之巨大，中国特殊的发展模式与道路也被一些西方国家视为可以效仿的榜样……中国倡导的社会发展模式、政治价值观以及对外政策的做法，会在世界公众中产生共鸣和广泛的影响力。"①

萨卡自称"一直与中国有着不解之缘"，当他还是一个学龄儿童时，"已开始通过阅读报纸报道了解中国的政治与经济发展，并从中得到启迪"。② 依据来自中国媒体和政府的统计数据，萨卡发现中国仍在为快速发展的经济付出巨大的生态和道德成本。但令萨卡感到高兴的是，最近他也看到了一些中国正在努力保护环境的报道。萨卡认为，中国尽管已经实施了二十多年的市场经济改革，但中国政府及其领导人仍明确坚持建设社会主义，并且拥有恢复计划经济的能力，这是创建可持续社会的前提条件。当然，萨卡反对今天的中国像在苏联时期或1978年以前那样，而是希望中国依然处于雏形阶段的生态运动活动分子和社会主义者合作，进而"重新设计"社会主义和计划经济。我们不难看出，这其中不乏萨卡对中国的示好、溢美之词。但无论怎样说，萨卡生态社会主义思想的形成肯定受到了快速发展的社会主义中国影响，而反过来，西方的生态社会主义者也希望中国能够成为他们理想的"试

---

① 方展文. "中国模式"举世关注［J］. 海外经济评论，2009（16）：5-7.
② ［印］萨拉·萨卡. 生态社会主义还是生态资本主义［M］. 张淑兰译. 济南：山东大学出版社，2012：1.

验场"。

萨卡明确表示:"我的生态社会主义可能看起来类似于甘地主义",但仅仅是"有这样和那样的相似性,生态社会主义绝不意味着完全返回到甘地主义","不可能建立在甘地主义的基础之上",因为后者的一些立场是天真的、混乱的、反启蒙主义和非社会主义的。① 在中印两国独立探索发展道路的过程中,人口规模、资源短缺、市场的地位、中产阶级的兴起等成为共性的问题,也对两国未来的发展家具有举足轻重的作用。面向未来,萨卡较多思考的是:中国和印度能否更快地发展?这两个世界上人口最多的国家能否在不破坏环境的前提下维持这种发展?在寻求这些问题答案的过程中,萨卡的生态社会主义思想随之萌生并逐步走向成熟和完善。

第二节 萨卡生态社会主义思想的理论渊源

一、马克思恩格斯关于"人类同自然的和解"的思想

在马克思的视野中,人是"作为自然物存在"的人,而自然是"人的无机的身体",双方共处于一个统一体中:一方面,马克思指出人对自然的依赖性,强调人和动植物一样是"受限制的存在物",② "人靠自然界生活……所谓人的肉体生活和精神生活同自然界相联系,不外

① [印]萨拉·萨卡. 生态社会主义还是生态资本主义 [M]. 张淑兰译. 济南:山东大学出版社,2012:233-234.
② [印]萨拉·萨卡. 生态社会主义还是生态资本主义 [M]. 张淑兰译. 济南:山东大学出版社,2012:209.

是说自然界同自身相联系，因为人是自然界的一部分"；① 另一方面，马克思又强调了人是"能动的自然存在物"，有目的的劳动过程"是为了人类的需要而对自然物的占有，是人和自然之间的物质变换的一般条件，是人类生活的永恒的自然条件"。② 实践既是把物质世界分化为自然界和人类社会的历史前提，又是把二者统一起来的现实基础，这种"分化"与"统一"借助于"物质变换"表现出来。在研究《资本论》第 3 卷时，美国生态学马克思主义者福斯特评价说，马克思的"物质变换"概念，具有生态意义和社会意义双重维度。③

但是，马克思在《资本论》中指出：随着工业化进程，"在社会的以及由生活的自然规律决定的物质变换的过程中造成了一个无法弥补的裂缝，于是就造成了地力的浪费，并且这种浪费通过商业而远及国外……"。④ 此时，马克思已经发现了在人和自然之间的物质变换过程中出现了"裂缝"。恩格斯也结合在欧洲"文明"国家中普遍出现的无林化事实，指出无林化现象源于社会活动。在《劳动在从猿到人转变过程中的作用》一文中，恩格斯忧心忡忡地写道："我们不要过分陶醉于我们人类对自然界的胜利。对于每一次这样的胜利，自然界都对我们进行报复。每一次胜利，起初确实取得了我们预期的结果，但是往后和再往后却发生完全不同的、出乎预料的影响，常常把最初的结果又消除了。"⑤ 在马克思恩格斯看来，当时社会出现的"枯竭""裂缝""无林化""土地荒芜"等现象的背后是自然界自我调节的失衡和人与自然关

---

① 马克思恩格斯全集（第 3 卷）[M]. 北京：人民出版社，2002：272.
② 马克思恩格斯选集（第 2 卷）[M]. 北京：人民出版社，2012：174.
③ [美] 约翰·贝拉米·福斯特. 马克思的生态学——唯物主义与自然 [M]. 刘仁胜，肖峰译. 北京：高等教育出版社，2006：175 - 176.
④ 马克思恩格斯全集（第 46 卷）[M]. 北京：人民出版社，2003：919.
⑤ 马克思恩格斯文集（第 9 卷）[M]. 北京：人民出版社，2009：559.

系的失衡。

在研究资本主义社会经济制度和资产阶级政治经济学基本范畴的《政治经济学批判大纲》中，恩格斯预示"我们这个世纪面临的大转变，即人类与自然的和解以及人类本身的和解"，[①] 由此萌发了"人类同自然的和解"思想。恩格斯指明，生态危机源于资本主义文明对大自然无限制的掠夺，因此要维持人类社会继续存在并得以发展，必须实现"人类同自然的和解"；只有人类同自然和解了，人与自然关系中出现的"裂缝"才能够得以弥合而不至于进一步扩大。

但是，马克思恩格斯断言，资本主义生产方式不仅无助于实现"人类同自然的和解"，反而是实现这一任务的最大障碍，这源于资本主义生产方式的两个"破坏"：对外部自然和人身自然的破坏。其一，"资本主义生产使它汇集在各大中心的城市人口越来越占据优势，这样一来，它一方面聚集着社会的历史动力，另一方面又破坏着人和土地之间的物质变换……从而破坏土地持久肥力的永恒自然条件"，[②] 由此导致人与自然关系的"不可修复的断裂"。而英国从秘鲁进口鸟粪施肥表征着这种"断裂"扩大到整个奉行资本主义生产方式的制度之中。英国生态学马克思主义者戴维·佩珀对此也进行了有力论证，他指出"开采'资源'——获得它们的价值而不考虑对未来生产率的影响——在资本主义经济中是一个不可抗拒的趋势，而成本外在化部分地是将其转嫁给未来：后代不得不为今天的破坏付出代价"。[③] 其二，马克思恩格斯发现资本主义农业的任何进步，同时还是对劳动者技巧的掠夺，

---

① 马克思恩格斯文集（第1卷）[M]．北京：人民出版社．2009：6.
② 马克思恩格斯选集（第2卷）[M]．北京：人民出版社，2012：233.
③ [英]戴维·佩珀．生态社会主义：从深生态学到社会正义 [M]．刘颖译．济南：山东大学出版社，2012：136.

"资本主义生产发展了社会生产过程的技术和结合，只是由于它同时破坏了一切财富的源泉——土地和工人"。① 即是说，在资本主义生产方式下，人类既不能"用内在固有的尺度来衡量对象"，也不能"按照任何物种的尺度来进行生产"，更谈不上"按照美的规律"去"实际创造一个对象世界"。资本主义生产方式的必然结果，只能是对"人的自身自然"的破坏，造就了毫无生机的"单向度的人"。美国生态学马克思主义者奥康纳的结论也印证了相同的观点，"那些没有涉及资本主义运行方式以及资本主义无法在其中进行运转的方式的环境政策，和那些没有在总体上涉及生产条件的问题以及没有在具体的层面上涉及生态学的问题的经济政策，都将可能是失败的，或者甚至会对环境条件的恶化起推波助澜的作用"，② 在资本主义社会何谈"人类同自然的和解"？

直面现实，马克思、恩格斯把"善待自然"观念的树立，看作是实现"人类同自然的和解"的首要前提。在《哥达纲领批判》等著作中，马克思阐明了自然界同劳动一样都是社会财富源泉的思想。所以，人类要谨记"我们统治自然界，决不像征服者统治异族人那样，决不是像站在自然界之外的人似的。——相反地，我们连同肉、血和头脑都是属于自然界和存在于自然之中的……"。③ 我们必须坚决摒弃"人类中心论"，牢记自然界对于人类的先在性和人类对于自然界的依赖性，要自觉抵制机械的"普罗米修斯主义"。同时，马克思、恩格斯乐观地认为，"我们对自然界的整个统治，是在于我们比其他一切动物强，能

---

① 马克思恩格斯选集（第2卷）[M]．北京：人民出版社，2012：234.
② ［美］奥康纳．自然的理由：生态学马克思主义研究 [M]．唐正东，臧佩洪译．南京：南京大学出版社，2003：294 – 295.
③ 马克思恩格斯文集（第9卷）[M]．北京：人民出版社，2009：560.

够认识和正确运用自然规律"。① 人类应该而且能够从"自然史和人类史彼此相互制约"的整体一致性出发,科学把握思维与存在、人类和自然、灵魂和肉体的辩证统一关系而不是把它们对立起来。马克思已经明显地意识到,"人类同自然的和解"问题的本质实际上是"人与人的和解"。因为"社会是人同自然界的完成了的本质的统一,是自然界的真正复活,是人的实现了的自然主义和自然界的实现了的人道主义"。② 所以人与自然的关系归根到底是人与人的关系,这是人"自己的自然的规定"。③ 只有在社会生活中,自然才有意义,人与自然的关系才有价值,人与自然矛盾的解决受制于人与人矛盾的解决。

正如法国著名生态社会主义者乔治·拉比卡(George Labica)指出,"生态社会主义的理论基础是马克思主义。马克思在《资本论》中第一次揭示了资本主义逻辑,从而为人们认识生态危机的实质、根源和解决出路奠定了基础"。④ 马克思、恩格斯的"人与自然和解"的思想虽然没有直接出现在萨卡生态社会主义观念中,但奠定了萨卡剖析人与自然的关系、批判传统社会主义和资本主义、设想生态社会主义的基本思路。在 2013 年国内学者的一次访谈中,萨卡虽然不同意福斯特对马克思的解读,甚至认为马克思的某些理论"已经过时",但他多次重申"在马克思和恩格斯生活的时代,马恩已经认识到由工业发展所带来的生态退化与环境污染",并且将生态退化"作为批判资本主义的一个方面"。⑤ 萨卡坦承马克思主义在历史唯物主义、辩证法、阶级分析等方

---

① 马克思恩格斯文集(第 9 卷)[M].北京:人民出版社,2009:560.
② 1844 年经济学哲学手稿[M].北京:人民出版社,2000:83.
③ 马克思恩格斯文集(第 1 卷)[M].北京:人民出版社,2009:184.
④ James O'Connor. *Natural Causes* [M]. The Guilford Press, 1998, p. 339.
⑤ 王聪聪,萨拉·萨卡. 红绿政治新发展:激进绿色左翼的思考——萨拉·萨卡访谈录[J].中国地质大学学报(社会科学版),2014,14(6):105－109.

面依然存在的强大生命力，这也是我们重要的思想宝藏。面对现实，萨卡认为当前的主要任务是改变话语体系，使马克思主义走向"绿化"，并利用马克思主义强大的社会批判力，构建一个面向未来的崭新的生态社会主义。

二、生态社会主义的生态危机理论

生态社会主义自 20 世纪 70 年代在西方兴起以来，逐渐发展成为一种世界性的思潮和运动。生态社会主义理论演变以 20 世纪 90 年代为界。

生态社会主义经过 70 年代的"红色绿化"（共产主义运动转向生态运动）和 80 年代的"红绿交融"（马克思主义与绿色思想结合）两个阶段的发展，至 90 年代，理论研究的特点是用生态危机理论"补充"马克思主义，在现实层面上注重探索生态危机的根源和实现生态社会主义的路径。1979 年，本·阿格尔在《西方马克思主义概论》中指出，"历史的变化已使马克思主义原先关于只发生在工业资本主义生产领域的危机理论失效了"，[①] 提出用生态危机理论来补充和完善马克思主义。与他有相同观点的还有同为加拿大生态社会主义者的威廉·莱易斯。后来，阿格尔提出异化消费是资本主义生态危机的根源，它在延缓资本主义经济危机的同时，也加剧了消费与资源环境之间的矛盾。为此，阿格尔倡议通过消费领域"期望的辩证法"的破灭和生产领域的小规模、分散化的生产途径达成生态社会主义社会。安德烈·高兹则从抽象的哲学层面来探讨资本主义生态危机，对其批判最为系统和尖锐。

---

① ［加］本·阿格尔. 西方马克思主义概论［M］. 慎之，等译. 北京：中国人民大学出版社，1991：486.

他将当前资本主义社会的生态危机归结于资本主义的经济理性，强调
"计算和核算就成了具体的合理化的典型形式。……我的活动取决于一
种核算功能，而无须考虑兴趣和爱好。"① 结果，经济的合理化过程一
方面形成了人与自然之间"造物主性质的、创造性的关系"，另一方面
"使从事劳动的人非人化"。高兹在这里实际上揭示了一种更广泛意义
上的生态危机。关于解决这种危机的出路，高兹的观点是必须坚持
"社会—生态理性"，把"更少"和"更好"联结起来，实现"更少的
生产，更好的生活"的目标。莱易斯继承了罗马俱乐部的基本思想，
把"稳态经济"看作是通向新社会的有效途径，并辅之以致力于实现
社会公平的"生存社会"（The Conserver Society）。

90 年代以后，由于东欧剧变后西方左翼阵营的变化，绿党内部各
派力量也此消彼长，再加上生态帝国主义的猖獗和后现代主义的衰
落，② 生态社会主义的主要观点也呈现出新变化。一是反思了苏联解体
的生态教训。大部分生态社会主义者基本承认生态环境破坏与苏联模式
社会主义崩溃之间的关联性。在《脆弱的星球环境经济简史》中，美
国学者福斯特立足于事实，认为是严重的生态危机阻碍了苏联的经济发
展；法国学者高兹则主张真正的社会主义应该用生态理性取代经济理
性，而现实却是苏联社会主义与资本主义一样秉持了经济理性，苏联模
式的社会主义只不过是资本主义生态危机的翻版。二是马克思主义对生
态危机理论的影响日益扩大。佩珀曾明确表示，自己正是为了捍卫科学
社会主义而介入红绿之争的；高兹用"解毒剂"比喻马克思主义对于

---

① André Gorz. *Critique of Economic Reason* [M]. London：Verso，1989：pp. 109 – 110.
② 参见时青昊. 20 世纪 90 年代以后的生态社会主义 [M]. 上海：上海人民出版社，2008：60 – 67.

生态运动的意义，可以消除后者的各种错误观点。三是生态帝国主义理论日臻完善。福斯特通过对比，指出资本主义已经发展到了一个新的阶段——生态帝国主义阶段，这是早期生态殖民主义发展的必然结果；并对生态帝国主义主要表现——在中心区域对边缘地区的资源掠夺、中心区域向边缘区域的污染输出和赤裸裸的生态战争——进行了揭露和批判。除此之外，90 年代后的生态社会主义在经济政策上更加务实，大都放弃了"小即美"的舒马赫主义，赞同经济的适当增长。在政治理论方面更加重视工人阶级和阶级斗争，佩珀认为"激进的变革必然引起冲突。那些拥有权力而又不想放弃的人和那些想夺取权力的人之间的冲突是在所难免的"，① 借此批评高兹企图"绕过"资本主义社会另寻通向未来社会主义的道路是行不通的。

　　生态社会主义以马克思主义关于人与自然统一和"物质变换"理论为起点，借助法兰克福学派的生态批判理论、可持续发展理论等，致力于社会主义原则与生态学原则的融合，将理论探索与大众关心的问题密切结合起来，把生态问题纳入其理论视野中，寻求理论与实践的联姻，"概括起来，生态社会主义理论的基本观点可以归纳为如下两个方面：一是对资本主义制度下生态环境危机或弊端的批判，二是对未来生态社会主义社会的制度设计及其实现这种社会经济变革的政治途径。"②

　　其一，就对生态危机根源的探索而言。虽然研究的视角和批评的严厉程度有所不同，但所有生态社会主义者都达成了以下共识——由资本积累的本性所决定的资本主义过度生产和消费方式应为现实的生态环境

---

① David Pepper. *Eco-socialism: From Deep Ecology to Social Justice* [M]. Routledge, London and NewYork, 1993: pp. 19 – 20.
② 郇庆治. 重建现代文明的根基——生态社会主义研究 [M]. 北京：北京大学出版社，2010：10.

危机负责。福斯特指出生态问题的根源"还要从资本主义制度的扩张逻辑中寻找答案"。① 奥康纳认为，为了利润，资本主义社会"要不惜任何代价追求经济增长，包含剥削和牺牲世界上绝大多数人的利益。这种迅猛增长通常意味着迅速消耗能源和材料，同时向环境倾倒越来越多的废物，导致环境急剧恶化"。② 2008 年，由乔尔·科威尔和迈克尔·洛威共同起草的《生态社会主义宣言》这样描述资本主义："这一体制作用于自然及其平衡时，由于持续扩大利润的内在要求，使生态系统暴露在严重破坏其稳定性的污染物之中，碎片化那长期进化从而使有机物繁衍成为可能的动植物栖息地，滥用自然资源，为了资本积累所要求的冷漠无情的可交换性而减少自然的生命活力。"③ 所以，现行的资本主义制度不可能解决目前的生态危机，因为要实现这一点必须确定资本积累的极限——这一点对崇奉"要么增长、要么死亡"的资本主义来说是不可接受的。

其二，就对生态社会主义的制度设计和变革路径而言。西方生态社会主义者普遍认同生态社会主义保持了"第一时代"社会主义④的"解放性目标"，因而是对 20 世纪"第一时代"社会主义的实现而不是否定，同时摒弃了现实社会主义官僚主导的"生产主义结构"和民主社会主义的改良路径及目标，是一个"自由联合者组成的社会"。为此，

---

① ［美］约翰·贝拉米·福斯特. 生态危机与资本主义［M］. 耿建新译. 上海：上海译文出版社，2006：1.

② ［美］奥康纳. 自然的理由：生态学马克思主义研究［M］. 唐正东，臧佩洪译. 南京：南京大学出版社，2003：237、237.

③ 转引自郇庆治. 重建现代文明的根基——生态社会主义研究［M］. 北京：北京大学出版社，2010：302.

④ 西方生态社会主义者通常将苏联时期的社会主义成为"第一时代"社会主义（"first epoch" socialism），这是生态社会主义者的专用术语。

生态社会主义要求为了社会的可持续性而尊重增长的极限规律，社会生产需要一种从数量向质量的转型，商品的生产应关注使用价值而不是交换价值，并且坚持把所有人的解放作为基础与目标。当然，生态社会主义者也坦承这些目标距离我们的现实社会还很遥远，还是有待解决的问题。生态社会主义计划不是要确定实现这一目标的每个细节和步骤，而是相反，"它致力于构建一种现行秩序的充分而必要的转型的逻辑"。生态社会主义者坚信罗莎·卢森堡当年提出的选择依然有效：社会主义还是野蛮主义？答案就是生态社会主义"必将是国际性和普遍性的"，生态社会主义的观点将很快被人们认识和接受。

作为曾经的绿党成员和秉承社会主义理想的生态社会主义者，萨卡学术思想的形成和演变肯定会受到之前和同时期西方生态社会主义者的影响。尤其在对生态危机成因和解决途径的探索、对苏联模式社会主义失败的批判、对生态社会主义基本特征和实现路径的完善等领域，萨卡与基本同时代的奥康纳、福斯特、佩珀、高兹、安格斯等生态社会主义者之间既有根本发展方向的一致性判断，也有在某些具体环节、具体方面的激烈思想交锋。总的来说，生态社会主义内部思想火花的碰撞既是生态社会主义发展的动力，同时也是萨卡生态社会主义思想演化、提升必不可少的"催化剂"。

三、德内拉·梅多斯的增长极限理论

1972 年，受罗马俱乐部的委托，马萨诸塞理工学院斯隆管理学院负责"全球问题研究"项目研究的系统动力学小组在纽约出版了由德内拉·梅多斯（Donella Meadows）、乔根·兰德斯（Jorgen Randers）、丹尼斯·梅多斯（Dennis L. Meadows）署名的《增长的极限》。该报告

利用动力系统学建模技术，对地球生态系统与经济增长之间的动态关系进行了定量研究，第一次以系统的科学论证方式向世人敲响了环境警钟："人口和物质资本的扩张会逐渐迫使人类拿出越来越多的资本去应付那些由一系列约束产生的问题。最终，由于太多的资本被用于解决这些问题而不足以支撑工业产出的持续增长。当工业出现下降时，社会也就无法支撑其他经济部门的更多产出：粮食、服务和其他消费。当这些部门都不再增长时，人口增长也将终结。增长的终结也会以很多种方式出现。它可能以一种崩溃的方式发生：人口和人类福利不可控制地下降"。① 在当今这个社会财富以史无前例的速度与规模增长的时代，《增长的极限》作者们的初衷是不言自明的，即为了避免人类的灭亡，必须要在经济系统的终极产出能力和生态环境的最大承受能力之间达成谅解。该书所阐发的增长极限论被西方的一些媒体称作"七十年代的爆炸性杰作"，并引发全球范围内关于人类发展前景的激烈论争。

增长极限论从系统论的角度出发，基于动态的福雷斯特—梅多斯模型，指出影响增长的五个因素——人口、不可再生资源、资本、粮食、污染都呈现指数增长的特点并且相互作用，结论就是增长终归是有极限的。如果不做根本性改变的话，世界终将面临"灾难性的崩溃"。作为一种科学假说，增长极限论不可避免地存在着认识上的局限性。然而，从《增长的极限》（1972）到《超越极限》（1992）和第三版《增长的极限》（2002），增长极限论围绕有限与无限、增长与发展、当前与未来的关系不断修正、充实，提出了"均衡增长""有机增长"等系列理论，虽然修改了部分数据和模型，但基本观点和结论没有根本性变化。

---

① [美] 德内拉·梅多斯，乔根·兰德斯，丹尼斯·梅多斯. 增长的极限 [M]. 李涛，王智勇译. 北京：机械工业出版社，2013：XXⅢ Ⅰ－XXⅣ.

尤其值得注意的是，面对人类的困境，《增长的极限》（第1版）用最后一章的篇幅专门讨论了"全球均衡状态"，这是丹尼斯·梅多斯等人为人类抑制盲目增长提供的有效途径，也是目标指向。

在当前理论界，增长极限论已作为一个具有一般性特征的结论，成为人们推理演绎的大前提，特别对于资源科学、环境科学等自然科学以及环境政治学、生态社会主义等社会科学的创生和发展具有独特的贡献。正如罗马俱乐部的两位发起人奥雷利欧·佩切伊和亚历山大·金的评论中所述："实际上是不可能达到这些极限的，因为政治的和其他的困难将先于这些极限而出现。毫无疑问，增长的真正极限是社会的、政治的和管理上的极限——而且最终在于人的本性"。①

梳理萨卡的生态社会主义思想，我们不难发现他对增长极限理论是笃信不疑的。在一般理论意义上，萨卡认为"发展范式对于未来的想象已经过时"，马克思主义范式也已经过时，理解当前的社会主义需要"范式的转换"，而"新的正在出现的范式建立在增长极限的基础上"，萨卡将其称为"'增长极限'的范式"，"它比任何其他的范式能够更多地观察现象提供基本解读"。② 在现实意义上，因为增长极限的范式能够对当前社会的较深层次的危机提供一个基本的解读，所以萨卡认为"增长极限是苏联和东欧'社会主义'社会失败的较深层次的原因"，③导致了生态的恶化和社会主义社会"道德的沦丧"。至于资本主义还没有灭亡，在萨卡看来，只不过是它的增长还没有发展到极限，如果不做

---

① ［美］梅萨罗维克，［德］佩斯特尔．人类处于转折点：给罗马俱乐部的第二个报告［M］．梅艳译．北京：生活·读书·新知三联书店，1987：194．
② ［印］萨拉·萨卡．生态社会主义还是生态资本主义［M］．张淑兰译．济南：山东大学出版社，2012：18．
③ ［印］萨拉·萨卡．生态社会主义还是生态资本主义［M］．张淑兰译．济南：山东大学出版社，2012：20．

改变的话，这一天迟早会到来。更进一步，关于未来的社会图景，萨卡认为虽然未来社会有很多无法确定的东西，但只要我们立于"增长的极限"来思考和行动，未来社会就是光明的。"也许，不要管那些更多的不利的证据，人类确实能够，至少拥有潜能去创造一个更加美好的社会，而伟人就是那种潜能的明证。这就是为什么我们必须坚持：决不言放弃。"①

四、布伦特兰的可持续发展理论

可持续发展（Sustainable Development）的概念来源于生态学。最早在林业和渔业部门，经济学家提出了可持续产量的概念，指的是合理获取部分资源以求发展，要确保新生成的资源数量足以弥补所消耗的数量，以求资源总体上不受破坏。这是对可持续性进行正式分析的开始，在其时它还仅仅作为一种资源管理战略而存在。

20世纪六七十年代，人们逐渐把这种管理战略运用于几大区域乃至全球资源之间的相互作用和累积效应，并逐渐形成割裂经济社会环境的发展只能给人类社会带来毁灭性的灾难的共识。1987年，挪威前首相布伦特兰夫人在世界环境与发展大会（WCED）上提交了《我们共同的未来》专题报告，可持续发展的概念和战略首次正式出现在世人面前。该报告考虑到了代际公平，把可持续发展定义为既满足当代人需求又不危及后代人需求模式的发展，它要求在保持资源和环境永续利用的前提下实现经济、社会与资源的协调发展，一般包括环境保护、发展援助、清洁水源、绿色贸易、能源开发五大方面。可持续发展已经成为当

---

① ［印］萨拉·萨卡. 生态社会主义还是生态资本主义［M］. 张淑兰译. 济南：山东大学出版社，2012：22.

前全球发展的重要指导方针，是既要促进经济又要保护好人类赖以生存的大气、淡水、海洋、土地和森林等自然资源和环境的发展，是保障子孙后代能够安居乐业的永续发展，是以平衡的方式实现经济社会进步与生态环境保护的"双赢"发展。在过去的几十年中，作为理论思潮和社会实践双重意义上的可持续发展理论，对世界经济与社会产生了广泛而深远的影响。1992 年，在巴西召开的联合国环境与发展大会通过了《里约热内卢环境与发展宣言》和《21 世纪议程》，标志着可持续发展不再仅仅是学者们讨论的议题，更进一步成为许多国家和国际组织的行动纲领。

在核心思想上，可持续发展在生态可持续、社会公正和人民积极参与发展决策的基础上，推动经济的健康发展；在发展指标上，可持续发展不能单纯地以国民生产总值作为衡量发展的唯一指标，要建立健全多元化评价体系；在最终目标上，建立在新的经济增长方式基础上的可持续发展以消除贫穷，平等地给所有人提供幸福生活的机会为追求。作为解决环境与发展问题的唯一途径，可持续发展跳出了简单地保护环境的窠臼，从社会、经济因素和生态环境之间的协调与统一来解决环境与发展问题。可持续发展不再局限于一种新的价值观念，不再是人类社会发展的一种模式设计，更是人类新的行为规范和准则，是一种将眼前利益与长远利益、局部利益与全局利益有机统一起来的发展观。

在可持续发展理论视域中，萨卡欣赏、继承了布伦特兰夫人对可持续发展的理解，而且在这条道路上走得更远一些。他认为"可持续发展"概念本身就是错误的，因为这还是在"发展的范式"里思考问题。萨卡强调，既然可持续社会必须是能够持续好多代人的社会，"从逻辑上讲，一个可持续的经济不可能像今天这样的工业经济"，"从理论上讲,只有一种经济完全建立在可再生资源的基础上,而且我们消耗的可再生资源的速度不能高于可再生资源的再生或补充速度,这种经济才是真正持续的"。① 事实上,萨卡更关心社会的可持续性,因为前者是后者的基本条件,而后者比前者的范围大得多。萨卡认为,社会的可持续性必须包含和平、经济平等、共享教育资源等内容。

总之,任何一种理论都是时代的产物,是历史现实和理论发展的必然结果。时代孕育了萨卡的生态社会主义思想,萨卡生态社会主义思想的成熟与发展又在世界社会主义发展的伟大画卷中留下了浓厚的一笔。从萨卡充满激情的生态社会主义思想中,我们既能看到历史发展留下的深深烙印,又能读出其关于未来美好社会前景的希冀。

---

① [印] 萨拉·萨卡. 生态社会主义还是生态资本主义 [M]. 张淑兰译. 济南:山东大学出版社,2012:141 - 142.

第二章

萨卡对苏联模式"社会主义"失败的
生态学分析

第一节 苏联社会主义建设的成就和环境保护

1997 年，萨拉·萨卡在伦敦出版了影响深远的《生态社会主义还是生态资本主义》（英文版）一书。此时，苏联和东欧的社会主义制度已不复存在，世界社会主义运动处于低潮，新的世界政治和经济格局正在形成过程中。作为一名马克思主义者，早在东欧剧变之前，萨卡就一直存在关于社会主义必然灭亡的断言和忧虑。但他当时认为与之并存的还有希望，即"社会主义"社会比如苏联，可以通过自身的改革和进步转变为比西方自由民主社会更具吸引力、对环境破坏更少的社会制度，成功地迈入真正的社会主义。萨卡将真正社会主义的实现寄希望于改革，事实也确实如此。曾任苏联科学院东方研究所所长、俄罗斯外交部长的叶·普里马科夫（E. Примаков）在回答苏联为什么解体时说，"毋庸讳言，斯大林逝世后，苏联的改革尝试始终未曾间断过，国家一直试图摆脱依靠行政命令管理经济模式给经济造成的危机。……但是，每一次的改革尝试都以失败告终。"① 20 世纪八九十年代，苏联和南斯拉夫、罗马尼亚、波兰、匈牙利、保加利亚、民主德国、捷克斯洛伐克、阿尔巴尼亚这些东欧地区的社会主义国家"合乎规律又出人意料"地发生了巨变，工人阶级政党丧失政权、社会主义制度改变性质。这一事件发生得如此突然、迅猛、剧烈，后果如此之严重，人们一般将其称为"苏联解体""东欧剧变"。

社会主义制度在苏东地区的轰然坍塌，令马克思主义者长期普遍存在的希望破灭了。阿尔文·古德纳（Alvin W. Gouldner）将此称为一个现代困境，他描述道："我们这个时代的政治独特性因此是这样的：我们曾经生活于并且依然生活于一种令人绝望的政治和社会病患当中，但我们同时又挨过了令人绝望的、一度被认为可以医好这些病症的革命疗程。"② 对于苏联和东欧社会主义国家像多米诺骨牌一般地轰然倒塌，萨卡感到"无论从何种意义上讲，社会主义都受到了极大的震撼，或者说至少是深深的沮丧"。③ 不仅如此，萨卡自称遭受了"双重打击"，因为他认为自己不仅仅是一名社会主义者，而且还是西德绿党的一名积极分子、生态与和平运动的活动家。

苏东模式的社会主义体制崩溃以后，人们公开谈论社会主义社会的必要性变得十分谨慎。但萨卡敏锐地意识到，全面、深入地探讨苏联解体、东欧剧变的原因特别是主要原因，无论对于社会主义的理论发展还是实践展开，都具有十分重要的意义。痛定思痛，对于社会主义事业的

---

① ［俄］叶·普里马科夫. 思想之声［M］. 李成滋译. 北京：中央编译出版社，2012：51.

② Alec Nove. *The Economics of Feasible Socialism*［M］. London：George Allen & Unwin，1983.

③ ［印］萨拉·萨卡. 生态社会主义还是生态资本主义［M］. 张淑兰译. 济南：山东大学出版社，2012：1.

这次重大挫折，萨卡的评价却与其他学者不同。

为了避免不必要的争论，在探讨苏联社会主义的失败原因时，他对"社会主义"这个词语的使用进行了区分：在谈及同样以工业社会为主要特征的现实存在的社会主义制度或体制时，萨卡使用了加引号的"社会主义"，这是特指一种特殊的制度，这种社会主义与资本主义"是同一种事物的两个变体，即工业社会的两个变体"。① 在表示宽泛含义的社会主义概念时，就使用不加引号的社会主义。萨卡的理由是，不可否认的是，资本主义的西方国家与社会主义的苏联等国家之间确实存在着许多相似之处，以至于许多人谈到这两种制度的重合，因此，在提及这些制度及体制时，萨卡用加引号的"社会主义""社会主义的"来特指苏东特殊的社会主义制度。萨卡特别强调说，这里引号的使用并非贬义，只是用来解决术语问题。萨卡提出我们必须容忍这种模糊性，因为那是不可避免的，"社会主义就像一顶帽子，由于太多的人戴上它而变形"。②

关于苏东社会主义失败的原因，研究苏联问题的专家和"社会主义"的改革者一般认为主要是其经济的失败。苏联模式的社会主义实行了高度集中的国家所有制形式、强制命令型的经营和管理模式、"公平"的社会财富分配方式，由此导致经济制度中的"运转赤字"和"运转障碍"，而实际上所有这些都被认为是扼杀了社会主义发展的动力和积极性。对于这种说法，萨卡并不否认，他也谈到了运转赤字和运转障碍对苏联结果产生的实际影响。但萨卡认为这些"是次要性的"，

---

① ［印］萨拉·萨卡. 生态社会主义还是生态资本主义［M］. 张淑兰译. 济南：山东大学出版社，2012：2.

② Saral Sarkar. *Eco-socialism or Eco-capitalism*［M］. London and New York：Zed Books，1999，pp. 2 – 3.

苏联"'社会主义'失败的主要原因是增长的极限和道德的沦丧"。①

一、苏联的经济发展成就与环境保护

（一）苏联的经济发展成就

地理环境是任何一个人类社会存在和发展的基本的和必要的条件，不同的地理环境要求差异化的环境政策。环境问题和对策影响着人类社会的发展，也影响着社会主义的兴衰成败。第二次世界大战结束以后，苏联以军事工业为先导，优先发展重工业的发展战略日益强化，导致对自然资源的过度开采，这种资源消耗高、生态破坏大、环境污染重的经济发展模式，势必造成严重的环境问题，从而一定程度上成为苏联解体的催化剂。

作为"一名社会主义者"，萨卡认为在一般意义上分析社会主义失败的原因时，分析苏联的教训尤其重要，因为它不仅可以帮助我们发现社会主义失败的原因，还可以帮助我们预见未来的社会主义。"未来社会主义社会必须面对的许多困难、难题、议题和替代选择（这些问题甚至被激烈地争论过），都可以从苏联的经历中揭示出来。从这一角度看，苏联的早期历史特别重要。能够从苏联的早期历史中吸取的教训，是非常有价值的。"②

要探讨苏联失败的原因，必须对苏联社会主义建设的成就给予充分关照。苏联社会主义建设的自然基础非常优越，萨卡对此进行了高度和乐观的评价，他说："世界上没有别的国家能够在开始建设一个'社会

---

① Saral Sarkar. *Eco-socialism or Eco-capitalism* ［M］. London and New York：Zed Books, 1999, p. 7.

② ［印］萨拉·萨卡. 生态社会主义还是生态资本主义 ［M］. 张淑兰译. 济南：山东大学出版社，2012：7.

主义'社会时拥有比苏联更好的资源条件了。"① 的确，苏联不仅拥有世界上最大的国土面积，而且拥有极其丰富的自然资源，其自然资源的种类、储量及潜力在世界上都名列前茅。十月革命胜利后，在列宁的直接关注下，苏俄政府自 1919 年起有计划地对广大领土上的自然资源进行了持续的勘探和普查，大致掌握了全国矿产资源的位置及储量以及江河湖海水文系统。通过这次规模宏大的普查，苏俄政府有两大重要发现。一是当时苏联的人均占有资源数量远高于世界平均水平，1940 年苏联耕地总面积达到 22.77 亿英亩，人均 0.85 公顷，② 苏联境内拥有天然的茂密原始森林，"东西广达 3600 英里，南北宽达 600 英里，整个的西伯利亚几乎全为森林所掩盖"，全国木材总蓄量达 1250 亿立方米（1935 年的森林普查结果）。③ 苏联还拥有世界上最深和蓄水量最大的淡水湖——贝加尔湖，蓄水容量为 2.7 万立方公里，约占世界地表淡水总蓄水量的五分之一、苏联地表淡水量的五分之四。除此之外，苏联经济快速发展必需的各类矿产资源不仅种类繁多、储量丰富，而且分布较集中，大型矿和共生矿床较多，开采的经济价值也较高。在西伯利亚和远东地区，苏联拥有约占世界五分之三的煤炭储量和约十分之一的石油储量，苏联的铁、锰、铜、镍、锡和硫黄等矿藏的探明储量均居世界前列。虽然帝俄时代历代沙皇都雄心勃勃地向外扩张，但由于当时工农业生产规模较小，且畸形集中于圣彼得堡、莫斯科等少数几个城市，因此对自然资源的消耗不多，十月革命胜利后全国 90% 的疆域还未曾勘探过，丰富的天然财富并未被世人所知晓，所以对整体环境的破坏并不严

---

① ［印］萨拉·萨卡．生态社会主义还是生态资本主义［M］．张淑兰译．济南：山东大学出版社，2012：28.

② 金挥，陆南泉，张康琴．论苏联经济［M］．沈阳：辽宁人民出版社，1982：329.

③ ［英］J. 葛里哥利，D. 雪夫．苏联地理［M］．上海：开明书店，1951：95.

重。作为"一名积极分子、生态与和平运动活动家"的萨拉·萨卡不由得惊叹道，十月革命胜利后布尔什维克接管的苏联人口稀疏、地域广阔的东部、北部地区"几乎保持着上帝创造它时的原貌"。正是在如此优厚的自然资源条件的基础上，苏联开始了大规模的社会主义建设。

苏维埃俄国的历史起点是具有深厚封建性的落后的资本主义国家——沙皇俄国，其经济发展的起点是非常低的。据苏联国家统计委员会统计，即使是十月革命前最好的年份——1913 年，沙皇俄国的工业产值（按后来的苏联疆域计算）也只相当于美国的八分之一，人均国民生产总值是后者的十分之一，人均工业产值不德国的四分之一和英国的八分之一。① 斯大林认为当时俄国社会经济的发展状况"比先进国家落后 50 年至 100 年"。但就是在如此之低的历史起点之上，社会主义苏联依靠列宁时代奠定的基础、斯大林时代创造的奇迹，至 20 世纪 70 年代一跃成为唯一一个与美国并肩而立的"超级大国"，并一直保持到 80 年代中期以前。

综观苏联的经济发展过程，从 1917 年十月革命胜利后，1922 年开始形成苏联，到 1985 年戈尔巴乔夫开始执政，虽然经历过两次世界大战和一次国内战争的严重破坏，但在总体上，其经济发展速度是比较快的，人民生活水平也有很大提高。

十月革命胜利后，苏联先后经历三年内战和外国武装干涉，经济发展基础比 1917 年革命前还要低。联共（布）党史记载，1920 年与 1913 年相比全国的经济实力出现了大幅下降，其中生铁产量减产了约 97%，食品工业和纺织工业减产 80%～90%，全国工业生产下降了 85%，石

---

① 苏联国家统计委员会. 苏联与外国 1987［M］. 莫斯科：财政与统计出版社，1988：43.

油产量和农业总产值减少了约 50%。1921 年 3 月苏联开始实施"新经济政策",使国民经济迅速得到恢复和发展。到 1926 年全国的工业总产值已升至 1913 年的 98%,其中大工业(即注册工业)的产值升至 168%,机器制造业产值上升到 133.4%,① 为苏联后来的经济发展奠定了初步基础。其后,苏联在"优先发展重工业"方针的指导下,借助于"一五"和"二五"计划,仅用 12 年时间就创造了国家"工业化"的奇迹,走完了西方国家几十年甚至上百年才完成的社会历程。到 1937 年,苏联工业发展水平跃居欧洲第一、世界第二,其工业总产值占全球工业总产值的十分之一。② 不期而至的第二次世界大战使苏联国力元气大伤,全部物质损失高达 25690 亿卢布(约合 4850 亿美元),③ 间接经济损失更是无法估量。战后,面对西方国家的经济封锁和冷战的压力,社会主义苏联坚持独立自主、自力更生,经济发展水平得到了快速恢复和发展,在 1985 年以前,快于除日本以外的一切资本主义发达国家。

在苏联的经济发展过程中,工业方面的增长最为突出。在各个五年计划执行期间,苏联工业都呈现出了惊人的高速增长。资料显示,苏联前六个五年计划时期的工业平均增长率高居 15.2%,有的年份甚至接近 20%。各个五年计划时期关于增长率如下:

"一五"时期(1928—1932 年)年均增长 19.7%;

"二五"时期(1933—1937 年)年均增长 17.1%;

---

① 苏共中央马列主义研究院.苏联共产党历史(第 4 卷)第 2 分册[M].莫斯科:莫斯科出版社,1970:372.

② 苏联中央统计局.苏联国民经济 60 年[M].北京:生活·读书·新知三联书店,1978:28.

③ 谢拉耶夫.苏联通史(第 3 卷)[M].莫斯科:莫斯科出版社,1983:361.

"三五"时期（1938—1940年）年均增长13.2%；

"四五"时期（1946—1950年）年均增长13.6%；

"五五"时期（1951—1955年）年均增长13.1%；

"六五"时期（1956—1960年）年均增长14.4%；

"七五"时期（1961—1965年）年均增长8.6%；

"八五"时期（1966—1970年）年均增长8.5%；

"九五"时期（1971—1975年）年均增长7.4%；

"十五"时期（1976—1980年）年均增长4.4%；

"十一五"时期（1981—1985年）年均增长3.7%。①

可以看出，自60年代后半期开始，苏联的工业产值的增长率虽然低于9%，但仍高于同时期其他很多资本主义发达国家。

在此期间，苏联的"高积累低消费"发展策略虽然为后人所诟病，但国民收入仍然出现了大幅增长，居民收入和社会福利不断提高。据苏联中央统计局资料，1985年苏联的国民收入分别是1913年、1940年、1950年、1960年、1970年的89倍、16.8倍、10.5倍、3.8倍和1.9倍。② 即使在二战后各个时期，苏联国民收入仍然保持了高速增长：50年代为10.2%，60年代为7.1%，70年代为5%。③1985年，人均实际收入比1940年增长5.5倍，比1970年增长0.6倍，比1980年增长11%。同期，每个苏联居民从社会消费基金中获得的补贴和各项社会福

---

① 苏联中央统计局.苏联国民经济发展七十年［M］.北京：生活·读书·新知三联书店，1988：126.
② 苏联中央统计局.1985年苏联国民经济［M］.莫斯科：财政与统计出版社，1986：34、苏联中央统计局.苏联国民经济60年［M］.北京：生活·读书·新知三联书店，1978：8.
③ 苏联国家统计委员会.苏联与外国1987［M］.莫斯科：财政与统计出版社，1988：43.

利比工资收入还要多得多。① 在 80 年代中期以前，苏联居民不仅享有长期实施的免费教育、齐全和方便的文化设施、完备的和较高质量的医疗设施，同时居住条件大大改善，半数家庭甚至拥有了私人汽车。

面对严酷的国际国内环境，虽然历经坎坷，但在苏联共产党的领导下，苏联由一个农业占主导的落后国家迅速崛起成为工业强国，在经济、科技和军事的总体实力上获得了突飞猛进的发展，成为稍逊于美国的另一个"超级大国"，在某些方面甚至超过了美国。

对于苏联经济发展所取得的成绩，萨卡提出了自己的不同看法，他认为"'社会主义'国家的统计要么夸大，要么轻微地低估"。亚干别戈扬（著者注：苏联改革早期阶段戈尔巴乔夫的首席经济顾问）也承认这一点。因此，萨卡指出，"我们必须引用资本主义国家的统计和比较数据"，萨卡引用《经济周刊》的一篇文章来证明自己。1985 年，西德著名的《经济周刊》（*Wirtschafts Woche*）对 1960 年至 1984 年间联邦德国与民主德国的生产力与实际工资做了比较分析，并对 1990 年的情况做了预测，得到的结论是两个国家之间的差距正在扩大而不是缩小。②

（二）苏联时期的环境保护

随着 20 世纪 60 年代世界性环境保护浪潮的兴起，加之苏联国内愈益严重的生态环境问题，苏联的许多科学家、记者、公民和利益团体感到了生态蜕化的威胁。1972 年，戈德曼经过对苏联发展全面研究后得出结论，苏联的环境破坏与美国一样"范围广泛而且严重"。苏联科学

① 苏联中央统计局. 苏联国民经济发展七十年［M］. 北京：生活·读书·新知三联书店，1988：412－413.
② 转引自［印］萨拉·萨卡. 生态社会主义还是生态资本主义［M］. 张淑兰译. 济南：山东大学出版社，2012：27.

院的一名科学家也指出，苏联的情形并不比美国或欧洲好，只是苏联从理论上讲还有一线希望。由此，他们以国家允许的方式抵制了许多计划，包括苏联领导人也希望能够防止国家环境的退化，并制定了一系列环境保护法规与政策措施，力争在发展经济的同时做好生态环境的保护。

科金在 1976 年承认，所有的发达工业国家都不可避免地存在环境问题，但他批评罗马俱乐部的头两篇研究报告没有考虑不同社会体制的区别而将科技革命的消极影响"均匀地分散在所有国家"，实际上不同的社会经济结构解决这些问题的方法是根本不同的。萨卡总结了 20 世纪 70 年代社会主义者的理论立场，明确指出，苏联政府和人民是重视环境保护的，"他们在政治制度中看到了问题的根源。首先，资本主义被（错误而教条地）看作是一种沉迷于进一步的生产力增长和科技应用的制度；其次，资产阶级被（正确地）看成是认为投资于环保没有合理利益的阶级。"① 因此，人们自然期望在这两点上社会主义社会能够正好相反。因此，就生态觉醒和生态意识而言，苏联并不落后于西方，在列宁领导下不仅建立了世界上第一个自然保护区，并在 1977 年将环境保护写入苏联宪法，使其成为国家与公民的一项义务，苏联人民教育委员会也在全境范围内开展大规模的环境保护教育。曾有一些报告声称，苏联在破坏环境的同时，有些情形得到了一定程度的改善。勒梅斯修撰写的报告说，从 20 世纪 70 年代中期以来出现了"一些积极的效果"。例如，由于执行中央委员会 1977 年通过的一项决议不力，导致纤维素生产对贝加尔湖 600 种植物和 1200 种动物构成威胁，苏共中央委

---

① ［印］萨拉·萨卡. 生态社会主义还是生态资本主义［M］. 张淑兰译. 济南：山东大学出版社，2012：37.

员会解除了苏联木制品工业部的一位副部长的职务，同时中央委员会正在考虑苏联国家林业委员会第一副主席提前退休的申请，并且指责了其他一些部门的官员。^① 1985 年，苏联科学院因为拯救贝加尔湖而得到了联合国环境计划署的特别奖。

必须肯定的是，苏联共产党和政府在制定环境保护政策法规、增加环境保护资金投入、加强环境保护教育、提高环境执法水平等方面，确实做出了巨大的努力并取得了积极成效。但在苏联社会主义发展进程中，现实情况却是环境保护指标经常让位于经济增长：生态环境保护投资往往是根据经济发展需求的"剩余"来安排；"生态鉴定"即环境影响评估常常走过场；环境违法行为得不到认真查处；各级政府根据生产计划指标而不是环境指标的完成情况确定企业的报酬和奖金；企业领导乃至地方官员的政绩和前程也由经济增长决定。^② 所以，自 20 世纪 20 年代起，苏联的环保运动逐渐销声匿迹了，自然保护区的面积也从顶峰时期的 48000 平方英里迅速缩减到 50 年代的 5700 平方英里，而且保护区内的破坏生态环境的各种经济活动也未受到任何有实际效果的惩罚。这些现象引起了许多苏联人的困惑与不解，萨卡认为此类困惑并不令人吃惊，因为在前者的意识形态和理论框架内，根本无法解释"社会主义的"苏联与资本主义的美国竟然在环境退化的速度和程度上是相同的这一事实。"但是，任何不受这样的意识形态和理论约束的人都知道如下解释：苏联是一个像美国一样的工业国家，而任何一个工业社会都

---

① 张廷光．"公开性"与苏联环境保护问题［J］．世界科技研究与发展，1987（12）：40.

② 宋萌荣．苏联环境政策失败的教训及其对中国的启示［M］//李慎明．历史在这里沉思——苏联解体 20 周年祭．北京：社会科学文献出版社，2011：646.

存在经济与生态这一矛盾。"① 为了避免像波兰在 1980—1981 年发生的政治危机,苏联政府不得不通过继续大量出口石油、木材和矿藏,以部分满足人们日益增长的消费需求。

二、苏联社会主义建设对生态环境的破坏

出于在经济和军事上赶超西方的需要,苏联人民在苏维埃政权的领导下,有计划有组织地治理沙漠,排干沼泽、清除灌木、开荒屯田,豪情万丈地向大自然宣战,要做大地的主人。萨卡对此的描述是,"这就是改变自然的时代精神,像征服者那样统治自然界。但是自然界开始了它的报复。而且,因为苏联人民对自然界的统治特别地严厉,所以大自然在这里的报复比在任何国家、任何较早时代都要严酷得多。"②

为了增加粮食产量,苏联自 20 世纪 40 年代起开展了大规模的围垦湿地、垦荒和沙漠调水等工程。据统计,10 年间苏联累计垦荒 6000 万公顷。苏联地理学家米哈伊洛夫在《苏联地理》中记载,排干了水的湿地和草场横贯全国,从白俄罗斯和卡累利阿—芬兰共和国起,经过莫斯科州、乌拉尔区、巴拉宾斯卡雅草原和比罗比扬,直到科里马,远北的绝大部分农业区是这样得来的;苏联将锡尔河、阿姆河、吹河、穆尔哈伯河的河水引入沙漠,使得新垦区灌溉面积增加了 300 万公顷以上。③ 但由于对自然规律认识的缺乏和难以逾越的技术障碍,苏联人民

---

① [印] 萨拉·萨卡. 生态社会主义还是生态资本主义 [M]. 张淑兰译. 济南:山东大学出版社,2012:39.

② [印] 萨拉·萨卡. 生态社会主义还是生态资本主义 [M]. 张淑兰译. 济南:山东大学出版社,2012:40.

③ [苏] И·米哈伊洛夫. 苏联地理 [M]. 杨重光译. 上海:天下出版社,1951:222、224、228.

一系列征服自然的做法虽然短期内收到了巨大的经济成效，但十几、几十年后就遭到了大自然的无情报复。围垦的湿地由于土壤干化引起了频繁的沙尘暴，进而带来了大面积的水土流失，仅 1975—1990 年间，风蚀、水蚀造成的耕地表土流失就有约 1.35 亿英亩。① 而沙漠调水则招致咸海水位下降，鱼类减少。更为严重的是，由于环境污染的隐性和滞后性，不断累积的环境污染最终积重难返，带来了严重的生态灾难。萨卡引用了苏联的高级科学官员同时也是一名生态学家的鲍里斯·库马洛夫（Boris Komarov）的报告。该报告 1978 年首先在德国发表，报告指出当苏联的生产总量只相当于美国一半的时候，污染程度却近似相等。具体表现在：

一是水体污染严重。1966 年戈德曼撰写的一份报告指出，60%～75%的工业淤泥没有经过任何处理、80%的工业和家庭污水没有经过二次处理就被随意排入河流，仅每小时流入伏尔加河的未经处理的污水就高达 30 万立方米。伏尔加河中的石油污染浓度为最大容许浓度的 25～30 倍，顿河则达到最大容许污染浓度的 51 倍。苏联全国七分之一河水的污染物浓度是最大容许浓度的 10 倍，水体中的铜元素化合物、硝基氮、硝酸铵、石油制品、重金属等严重超标，诺夫哥罗德河上游河段的河底甚至出现了钴沉积层。另据苏联国家统计局的数据，到 1988 年仍有 20%的污水未经任何处理就直接排入河湖，50%的污水净化不达标。②

二是空气中有害物质严重超标。萨卡引用了世界观察研究所的报

---

① J. B. Foster. *The Vulnerable Planet：A Short Economic History of the Environment*［M］. New York：Monthly Review Press，1999：p. 100.

② 中国科学技术情报研究所. 国外公害概况［M］. 北京：人民出版社，1975：96.

告，苏联在 1988 年二氧化硫的排放量是 1850 吨，此时美国的排放量是 2070 吨，可见苏联几乎赶上了美国。但就每单位的国民生产总值的排放量而言，苏联是 10 克，而美国只有 4 克；在氮氧化物的排放方面，苏联比美国好得多，这是因为苏联的小汽车数量少。戈德曼根据自己掌握但尚未公开的材料得出的判断是，到 1984 年，不仅城市工业区，而且全苏联范围内都比美国的城市增加了更多的被污染了的空气。据俄罗斯《大城市快报》的报道，贝加尔湖地区的企业，由于各种净化系统都已失去效用，经过滤后仍有 95% 的有毒气体被排放到大气层中，布拉茨克市的二氧化碳排放已经超出最高许可值的 190 倍。①

三是土壤污染较为严重。戈德曼从不同的渠道引用了以下数据：50 万平方公里的土地受到侵蚀的"影响"；从 1958 年到 1964 年，全国 9% 的可耕地被侵蚀，24% 的实际上被耕种土地"遭受了同样的命运"。萨卡从库马洛夫的报告得知，在 20 世纪 70 年代中期，科学家发现苏联的农业土地被 150 种杀虫剂、化学毒药和微量元素所污染。在这些微量元素中，90% 是重金属化合物。到 1977 年，人居面积中约 10% 的土地被毁掉了，库马洛夫忧心忡忡地写道，"我们这块十分之一的馅饼，已经被我们一点一点地咬掉了，以前是'最多汁的、最美味的'，最适合使用的，在许多情况下，也是最肥沃的。我们已经从蛋糕上摘走了樱桃。……尤其是，由于我们拥有这么多人口，我们的需求正以非常快的速度在增长。"对于西伯利亚的开发，库马洛夫称这是苏联的唯一机会，也是一场关于社会主义发展模式的纯粹的试验。萨卡对此的评论是，"但是，布尔什维克的这场试验失败了，它们从生态上毁掉了西伯

---

① ［俄］格·尼·瓦奇纳泽. 俄罗斯？［M］. 北京：新华出版社，1993：16、28.

利亚"。①

四是放射性污染触目惊心。作为历史上曾经的核大国，苏联大量生产核武器、核试验与和平利用核能所产生的放射性废料基本不加处理就被排入了周边环境。雅勃洛科夫领导下的由 46 名专家组成的调查小组提交的一份报告显示，苏联向海洋里倾倒的核废料高达 250 万居里。②克拉斯诺亚尔斯克边疆区的某些地方，核污染程度达到每平方公里 160居里。放射性污染导致的儿童骨骼生长缓慢、呼吸器官的病理性改变、慢性支气管炎、遗传缺陷等患者不断增加，时至今日血液循环系统疾病和肿瘤仍是俄罗斯人健康的两大杀手。有关资料显示，2007 年俄罗斯死亡人口是出生人口的 1.3 倍，其中 9 个联邦共和国死亡人口与出生人口的比率高达 2 ~ 2.5 : 1。

正如苏联一位很重要的科学家描述的，首先是鱼类和动物的消失，然后是森林火灾和虫害，河流堵塞，土地裂缝，最后是滑坡、泥石流、洪水等。而高级生物学家和生态学家、20 世纪 80 年代后半期、戈尔巴乔夫的首席生态顾问阿列克谢·雅波洛科夫（Alexei Yablokov）的结论是，即使在 1987—1988 年，苏联的生态环境都没有显著的改善，所有的动植物品种都以前所未有的速度消失，七分之一的河水的污染物浓度超过最大容许浓度的 10 倍，1985 年苏联的人均寿命低于 1958 年。在1992 年联合国环境和发展大会上，苏联官方的报告承认，全苏联面积16% 的约 300 个区域环境问题非常严重，如果算上草场退化现象，这个

---

① 转引自［印］萨拉·萨卡. 生态社会主义还是生态资本主义［M］. 张淑兰译. 济南：山东大学出版社，2012：41.

② J. B. Foster. *Quoted in Murray Feshbach and Alfred Friendly* ［M］. Ecocide in the USSR，New York：Basic Books，1992：p. 12.

数字将上升到 20%，其中有 16 个区域是生态毁灭。①

第二节　苏联工业经济和生态之间的矛盾

20 世纪 50 年代，赫伯特·马尔库塞（Herbert Marcuse）从"单向度"理论出发，指出晚期资本主义科技进步与国家干预同步增长，导致政治行为的膨胀化，政府行为渗入社会所有领域，传统的经济基础与上层建筑的划分已经失效，国家社会与社会国家化已成为社会发展的大趋势。据此，他在《苏联的马克思主义》（Soviet Marxism）一书中指出，科学技术的进步将导致资本主义和社会主义的一体化，这就是对生态社会主义者影响较大的趋同论。受其影响，高兹提出"工具变换是社会变换的基本前提"，并得出结论说，"倘若社会主义使用和资本主义相同的工具的话，就与资本主义没有什么区别了"。② 阿格尔更是明确指出，任何一个实行工业经济的社会，无论是资本主义社会还是社会主义社会，将会拥有以下共同特征：技术规模庞大、能源需求高、生产和人口集中、职能越来越专业化、可供消费的商品的花色品种越来越多。③

进入 70 年代，早期的生态社会主义者敏锐地觉察到，在能源资源消费、技术依赖、人口集中、生产扩张等方面，社会主义国家正在重走

---

① 转引自包红茂. 苏联的环境破坏和环境主义运动 ［J］. 陕西师范大学学报（哲学社会科学版），2003，32（4）：23 - 30.

② André. Gorz. *The Division of Labor：The Labor Process and Class - Struggle in Modern Capitalism* ［M］. Harvest Press，Hassocks，1978：pp. 19 - 20.

③ ［加］本·阿格尔. 西方马克思主义概论 ［M］. 慎之，等译. 北京：中国人民大学出版社，1991：476.

资本主义国家的老路，如果不加改变的话将引发同样的生态后果。这一时期，许多学者将已初露端倪的生态问题归因于科技的发展、军事优先和政治需要等现实性和历史性原因，乐观地认为将来社会主义发展到某一阶段生态问题就会自动消失。

然而事与愿违，80年代末90年代初，震惊世界的苏联解体、东欧剧变发生了，苏联模式的社会主义还没来得及解决环境恶化问题就土崩瓦解了。多米诺骨牌一样倒下的这个社会主义国家，不仅为生态社会主义提供了大量的生态问题的详尽材料，也为批判苏东社会主义模式的弊端提供了宽松的政治生态环境。震惊过后，冷静地对现实社会主义做出生态反思，找出问题的症结所在，重新设计未来的社会主义，成为当代社会主义者研究的焦点。在把脉苏联生态问题症因的过程中，产生了两种有代表性的观点。[1]

一种观点以福斯特和奥康纳为代表，主张要具体地、历史地分析苏联的生态问题，认为国家资本主义势力对社会主义苏联的长期敌视和封锁，势必迫使苏联优先发展军事工业和重工业、加速推行工业化，以此赢得比较优势。由此造成的大规模的自然资源开发也是不可避免的，由此才引发了生态问题，其最终的根源仍是资本主义。奥康纳的结论是："社会主义国家的资源耗竭和环境污染更多的是政治问题而不是经济问题……对增长的强调，很明显是同苏联赶超西方的需要相联系的……对社会主义国家环境问题任何最终的合理理解，必须置于20世纪早期特别是战后以来由主要的西方国家势力反对社会主义的政治、经济、军事

---

① 刘贺. 当代世界社会主义的生态化研究［D］. 北京：中共中央党校，2014.

和意识形态斗争的背景下来考虑。"① 高兹在《资本主义，社会主义，生态》一书中认为，苏联模式的社会主义只不过是一幅带有资本主义基本特征的滑稽的放大图。福斯特在《脆弱的星球：环境经济简史》一书中，通过大量事实描述了苏联社会主义建设恶劣的国际、国内环境，正视严峻的生态环境问题并揭示了其产生的原因。

另一种观点以萨卡为代表，将苏联模式社会主义失败的原因归咎于忽视了"增长的极限"、不可挽回的生态恶化以及社会主义社会的"道德沦丧"。萨卡认为，虽然苏联政府和社会公众非常重视环境保护工作并为此做出了巨大努力，但在当时国际国内现实的压力下，"这一真诚的愿望与另一个更加强烈的愿望相矛盾：追赶美国。……到最后，对环境有害的经济政策变成了'社会主义'制度的生存所必需的至关重要的东西"。② 他分析说，苏联的工业化进程开始得相当晚，要想而且不得不在经济和军事方面追赶已经高度发达的且怀有敌意的西方国家，苏联将每一点可以投资的剩余都迅速投入到经济社会发展中去，"在决策层面上，经济战胜了生态"，这必然加剧经济和生态之间的矛盾。萨卡指出，在解决这一矛盾时，苏联政府和人民出于盲目的乐观主义，有意或无意地忽视甚至否定了增长的极限这一重要法则。

一、"增长的乐观主义"时代精神的局限

马克思关于生产力持续增长的观念不是从来就有的，而是在跨越了退步观的障碍，摧毁了中世纪宗教神学的蒙蔽后逐渐形成的。特别是文

---

① James O'Connor. *Political Economy of Ecology of Socialism and Capitalism* [J]. Capitalism Nature Socialism, 1989 (3): 106.
② [印] 萨拉·萨卡. 生态社会主义还是生态资本主义 [M]. 张淑兰译. 济南：山东大学出版社，2012：42 – 43.

艺复兴以来，随着科技进步和社会的发展，人们普遍认识到人类对自然的控制力量的增长也将是无限的。尤其是面对 19 世纪中叶的工业系统用机器替代劳动力、逐渐把人从以往的劳苦中解放出来并创造出巨大生产力的时候，马克思强烈意识到，"一般社会知识，已经在多么大程度上变成了直接的生产力，从而社会生活过程的条件本身在多么大的程度上受到一般智力的控制并按照这种智力得到改造。它表明，社会生产力已经在多么大的程度上，不仅以知识的形式，而且作为社会实践的直接器官，作为实际生活过程的直接器官被生产出来"。① 马克思乐观地设想，在未来共产主义社会生产资料公有制取代了资本主义私有制之后，生产关系对生产力的束缚作用就解除了，生产力将无限向前发展。此时，在这种普遍进步的乐观的思想的影响下，再加上当时生态环境问题还不是社会发展的主要问题，所以马克思可能并没有考虑到自然界本身也有可能而且极大可能成为生产力进一步发展的障碍。但到了 19 世纪后半期，马克思、恩格斯已经敏锐地意识到了经济增长的生态后果，提出了"人与自然和解""人与人的和解"等光辉思想。

虽然如此，但萨卡认为马克思、恩格斯"依然属于增长的乐观派"，因为他们自称发现了一个摆脱困境、避免大自然报复的方法。正如恩格斯所言，人类的最大优势就是具有能够发挥主观能动性，学习、认识并正确运用自然法则，并且随着社会实践的扩大我们对这些法则的理解也会逐步深化，因而，人在"劳动过程结束时得到的结果，在这个过程开始时就已经在劳动者的表象中存在着，即已经观念地存在着"。② 萨卡指出，苏联"社会主义"建设明显是承袭了传统马克思主

---

① 马克思恩格斯全集（第 46 卷）[M]. 北京：人民出版社，1979：219 - 220.
② 马克思恩格斯文集（第 5 卷）[M]. 北京：人民出版社，2009：208.

义的社会主义发展理论即经济决定论，不仅相信必需的、持续的经济增长是可能，而且相信美好的生活必须是富裕的。例如，1967 年，一位苏联理论家谈道："社会主义的基本经济规律可以做如下概括，即人民群众日益增长的物质文化需要通过社会主义生产的不断增长与提高来逐渐得到满足。"① 所以，"社会主义者"从来不认为，他们的经济增长率和达到的富裕程度令人满意。

基于占有的大量史料，萨卡指出在苏联，上至国家领导人下至平民百姓都被浓厚的"增长的乐观主义"包围着、激励着。从 1927 年起，五年计划开始成为苏联共产党经济发展的总方针。至 1937 年，苏联的工业总产值仅次于美国，跃居欧洲第一、世界第二，人民物质生活水平也大大提高。为了顺利完成社会主义建设和进一步加强国防能力，联共中央提出了"技术决定一切"的口号，要求苏联应当在 10 年以内消灭这种差距，并警告说要么苏联做到这一点，要么被西方国家打倒。其后，苏联的历代领导人都毫无例外地把经济高速增长作为社会主义发展的主要指标。

1926 年，苏联作家萨苏柏林（Sasubrin）在第一次西伯利亚作家大会上说，"我希望，西伯利亚那柔弱的绿色胸膛披上城市的水泥盔甲，戴上工厂烟囱的坚硬口罩，拴上铁路线的锁链。针叶林应该被烧成灰烬，变得稀疏，大草原应该被践踏在脚下。让所有这一切变成现实吧，那将是不可避免的。只有水泥和钢铁才是所有人类的至亲至爱，全人类的钢铁之躯将被建造起来"。著名诗人马雅可夫斯基（Mayakovsky）在参观了西伯利亚新崛起的工业城市新库兹涅茨克后，为这个城市写下了如下的诗句："我知道，一个城市将会很快存在；我知道，一个公园将

---

① G. N. Khudokormov et al. *Political Economy of Socialism* ［M］. Moscow，1976：p. 72.

会百花盛开;因为这样的人民生活在苏联的大地上。"① 1977 年,亚干别戈扬发表了一篇主要描述开发西伯利亚"巨额的天然财富"的计划和前景的论文,文中写道:"就经济条件而言,西伯利亚的所有这些丰富的电力资源是极其有效的。这是生产的能源是全国最便宜的。……即使西伯利亚的能源不得不经过 2000~3000 公里以上的输送,也仍然不会丧失其经济优势。"② 1988 年,在纪念十月革命胜利 70 周年时,亚干别戈扬假设至 2000 年苏联仍能以年均 6% 的增长率发展,他满怀信心地预测在十月社会主义革命胜利 100 周年的 2017 年庆祝苏联实现了列宁预言的社会主义的生产力高于资本主义。

对于此类种种乐观的说法,生态社会主义者在分析苏联模式社会主义失败的原因时却加以痛斥,将其称为"生产至上主义"或"生产力主义",指出"正是在社会主义国家引起环境破坏和公害的'生产第一主义',才构成了生产力主义的实际状态"。③ 萨卡明确反对基于生产至上主义的社会主义,他指出苏联在 20 世纪 80 年代要达到 6% 的年均增长率显然"荒谬不堪、过分乐观",他批评那个时候的苏联已经患上了"狂热症"。与苏联自己的估计相反,虽然西方发达国家的生产力和国民生产总值以年均 2.5%~3% 的速度增长,但至 1988 年苏联在生产力方面已经落后于美国将近 3 倍,落后于其他发达西方国家至少 2 倍,在农业生产力方面甚至落后于美国 5 倍。

萨卡进一步指出,"这种乐观主义没有错,只是恩格斯忘记说,首

---

① 转引自〔印〕萨拉·萨卡. 生态社会主义还是生态资本主义〔M〕. 张淑兰译. 济南:山东大学出版社,2012:39–40.

② 转引自〔印〕萨拉·萨卡. 生态社会主义还是生态资本主义〔M〕. 张淑兰译. 济南:山东大学出版社,2012:27.

③ 〔日〕岩佐茂. 环境的思想:环境保护与马克思的结合处〔M〕. 韩立新译. 北京:中央编译出版社,2006:126.

先，这种控制的可能性也有极限——自然法则固有的极限；其次，这种控制包含成本"。① 如果一个社会不准备或不能够承受这些成本，结果只能是生态环境的继续退化；反之，如果这个社会能够承受这个可能是高昂的成本，那么经济活动的纯收益就可能是负的，原来的经济活动就失去了其合理性。但遗憾的是，在"第一时代"社会主义时期，生态环境的退化被社会主义建设者们看作是资本主义社会"特有"的罪恶，社会主义国家不存在真正的环境问题；即使有的话，也只是一种暂时现象，随着生产力的进一步发展，生态环境问题能够而且必将被克服。萨卡梳理出他们的简单逻辑：既然社会主义社会所有的自然资源和所有的生产方式都归国家所有，就不存在资本主义经济才有的任何外部成本。社会主义国家的国有企业忽视环境保护所获得的任何额外收益虽然意味着别处的损失，但最终都要由国家来承担这些损失，而且也不能把这部分成本转嫁给社会。正是在这种乐观主义的激励下，在摆脱了资本主义的枷锁后，对科技的飞速发展、无限制的进步、人类的无限能力等的迷信成为占主导地位的时代精神，与马克思恩格斯多次强调的人与自然、社会与环境和谐统一的警示性话语越来越远。其结果必然就是，制约苏联经济社会发展的"增长的极限"法则日益逼近。

二、自然资源开发的极限

在增长乐观主义的支配下，高度集中的计划经济模式成为苏联国力迅猛增长的法宝，有力地推动了苏联的经济腾飞和国民生活的改善，也是苏联借以宣传社会主义制度优越性的资本。从治国理念的层面看，苏

---

① ［印］萨拉·萨卡. 生态社会主义还是生态资本主义［M］. 张淑兰译. 济南：山东大学出版社，2012：36-37.

联长期实行计划经济是迫于国内外严酷形势的需要，领导层想在尽可能短的时间内充分发挥各种社会资源的最大效用、取得最大成果来强化政权基础。然而在现实实践中，源于计划经济自身弊端的诸多不当做法最终导致了苏联境内的自然资源被飞速消耗，"苏联正在相当迅速地耗尽其最容易获得的自然资源"。苏联实行全部资源归国家所有，国家通过行政性、指令性计划组织生产和资源的开发，大大小小的国有企业只是计划的执行者。出于微观经济利益的考虑，苏联企业并不关心资源节约，相反却以劳动、材料和金钱花费越多越被认为是优秀工作人员或优秀企业。比如，当一名苏联矿主发现开采一个单位的矿石和油井需要更多单位的劳动力和机械时，他就会开始寻找另一个更容易开采的油井，许多有价值的矿石和石油被遗弃在矿场或油井里，不仅矿工矿主，那些急于求成的计划者也希望这样做。这种做法招致生产过程中大量的资源被挥霍和浪费，木材采伐量的三分之二、石油开采量的 7% ~20% 白白流失了，仅在秋明油田，每年烧掉的伴生天然气就有 100 亿立方米。①在西伯利亚的西部，石油和天然气被漫不经心地迅速开采，以至于溢出的石油无数，石油经年累月地漂浮在地面上，面积越来越大。同时由于管理不善，盗窃国有财产的现象非常普遍。

　　自 1928 年第一个五年计划开始至 1960 年第六个五年计划完成，苏联经济保持了三十多年的两位数的增长速度，这在世界经济史上是屈指可数的。以人均工业产出总值为例，1913—1973 年间，俄罗斯联邦共和国增长了 113 倍，哈萨克斯坦共和国增长了 181 倍，吉尔吉斯斯坦共

---

① ［俄］格·尼·瓦奇纳泽. 俄罗斯？［M］. 北京：新华出版社，1993：22.

和国增长高达 245 倍。① 萨卡指出，仅仅了解地表上下的资源数量是不够的，还必须重视影响经济增长的另一个非常重要的因素——开采和运输资源的成本。"如果基础资源生产，尤其是能源生产的实际条件变得比以前要昂贵的话，那通常都会给经济带来不利影响。"②

　　苏联长期奉行高投入、高消耗、高积累、低效益的增长模式，必然造成资源的严重浪费。从 1960 年，许多苏联专家开始担心国家最丰富的资源不久将被耗尽，据马歇尔·戈德曼（Marshall Goldman）的报告，在煤、油、钾和天然气的采集过程中一般会损失 50% ~ 60%。1977 年时，亚干别戈扬自豪地宣称西伯利亚的地质和采矿条件是"非常有利的，资源也高度集中"，因而是"最便宜的"和"极其有效的"，但到了 1988 年"采矿的地质和经济条件"正在"恶化"，资源的开采量不仅明显下降而且开采过程也"不便宜"。有些科学家比如库马洛夫，则反对开发西伯利亚，他解释说，除非在气候温和的地区，在西伯利亚开展经济活动的财务成本太高了，而且必然会导致这一地区的环境退化。萨卡认为石油这一当今最重要的矿产资源更能说明问题，他引用了石油公司 BP 于 1994 年形成的一份研究报告，称苏联的石油生产连续 7 年下降，1994 年的石油产量仅相当于 1987 年的 60%。更为糟糕的是，1988 年苏联每吨石油的开采成本已经从并非特备早期阶段的 3 卢布上涨到 12 卢布。"这种情形不仅体现在石油方面，通常也包括燃料和原材料"，③ 萨卡引用亚干别戈扬的话，1981—1985 年开采业 1 卢布产值的

---

① ［苏］E. 费道罗夫. 人与自然——生态危机和社会进步［M］. 北京：中国环境科学出版社，1986：146.
② ［印］萨拉·萨卡. 生态社会主义还是生态资本主义［M］. 张淑兰译. 济南：山东大学出版社，2012：31.
③ ［印］萨拉·萨卡. 生态社会主义还是生态资本主义［M］. 张淑兰译. 济南：山东大学出版社，2012：30.

资金投入是 7 卢布，主要原材料（燃料、冶金、木材和建筑材料）部门占工业总投资的比重由 1975 年的 33% 上升到 1985 年的 40%。进一步，萨卡发现基础资源生产成本的增加使"资本的产出率在每一个五年计划期间都急剧下降，平均达 14%"。① 也就是说，当时苏联卢布的投资回报率越来越低，被很好利用的也越来越少。萨卡引用了"社会主义"国家的经济学家的说法，将其概括为"短缺经济学"，并指出包括国民收入的增长率、资源的增长率、资本的投入率和产出率、农业的增长率都会出现不同程度的下滑。

对资源特别是不可再生资源的过度消耗，导致 20 世纪 80 年代中后期，资源特别是现实能够利用的资源相对短缺，造成资源的空心化现象，② 表现为易开采的、地质条件较好的富矿、结合矿所剩无几，而西伯利亚地区的大量矿藏因开采条件差导致开采成本过高。结果，苏联全境出现了工业原料的全面紧张，一些加工企业不得不时断时续地开工生产，甚至停工待料，这一紧张局面进一步蔓延到消费品市场，成为苏联经济滑坡的重要诱因。资料显示，20 世纪 80 年代中期，苏联主要工业产品的产量都大大超过美国，但是苏联每生产 1 卢布国民收入消耗电比美国多 20%，钢多 90%，石油多 100%，水泥多 80%。③ 粗放型增长方式使自然资源日益难以开发，而且越来越昂贵，苏联经济进入了死胡同。美国生态社会主义者乔尔·科威尔（Joel Kovel）在总结苏联社会主义失败的原因时指出，失败有很多原因，"从本质上看，它仍然是生

---

① ［印］萨拉·萨卡. 生态社会主义还是生态资本主义［M］. 张淑兰译. 济南：山东大学出版社，2012：31.

② 康瑞华，宋萌荣，陈丽华. 资源生态环境视阈下的苏联模式［J］. 当代世界与社会主义，2010（5）：172 - 176.

③ 江流，徐葵等. 苏联剧变研究［M］. 北京：社会科学文献出版社，1994：66.

产主义的，最大化资本主义生产力，同时很少质疑使之显露出来的工业模式。很少考虑限制增长的思想，或者在与自然和谐共处中进行工作的思想，更不用说付诸实践了"。①

三、粮食生产的极限

苏联是一个传统意义上的粮食生产大国，1917 年之前，俄国就是一个重要的粮食出口国。十月革命胜利后一直到 20 世纪中期以前，为了筹措工业发展的资金，苏联强制性地粮食出口，萨卡称之为"社会主义原始积累"的战略之一，结果招致大范围的饥荒和民众的反抗。尤其让"全世界的社会主义者在 1963 年都十分震惊"的是，苏联开始从西方国家进口小麦和大量肉奶制品，1981 年进口的肉产品高达 98 万吨，大多数西方观察家将这一现象解释为苏联农业集体化的无效，但萨卡认为"并非完全如此"，他分析虽然苏联的人口从 1922 年的 1.36 亿增加到 1988 年的 2.83 亿，但同时期苏联粮食收成的增长足以满足人民的基本生理需求，所以苏联显然没有必要进口粮食，真实的原因是由于共产主义的意识形态招牌及其领导人曾经的许诺使得苏联国内生产无法满足其需要，才不得不进口粮食甚至牛饲料。由于政治原因，苏联政府不得不拿出大量资金补贴给小麦和奶产品，萨卡发现到 1980 年农业的年均补贴达到约 500 亿美元，其中 350 亿美元是补贴给了小麦和奶产品。萨卡惊呼"农业从'社会主义原始积累'的重要来源变成了经济其他部门的负担"。②

---

① Joel Kovel. *What is Eco-socialism* [M]. Canadian Dimension，2007：p. 41.
② ［印］萨拉·萨卡. 生态社会主义还是生态资本主义 [M]. 张淑兰译. 济南：山东大学出版社，2012：32.

为了增加粮食生产，苏联政府加大了对农业部门的投资力度，通过像灌溉和排水之类的水利工程项目以及化学肥料来克服地质条件的局限性，但遗憾的是"没有产生令人满意的效果"。关于苏联的灌溉工程，萨卡指出由于大量水库的建设以及伴生的土地盐碱化和水涝等问题，在许多灌溉区，收成不仅没有增加反而减少了。在水坝密集区的土地中，一半以上是那些已经耕种过的或已经处于耕种状态的土地，到最后将会有更多的肥沃土地由于灌溉项目而失去，而并非变得适于耕种。进一步，农业灌溉而使河流转向，导致咸海、里海和亚述海的萎缩，进而对鱼类生物产生极坏的影响，"捕鱼总量急剧下跌"。苏联的地理学者发出警告，咸海的萎缩会强化该地区的大陆性气候，再加上该地区经常性的盐碱和沙尘暴，这个地区可能会变成一个沙漠。关于排水工程，萨卡的结论是"结果也令人失望"，因为土壤结构的原因会变成沙丘而不适合耕种，甚至会带来沙尘暴。就化肥而言，正如三位苏联科学家指出的，能够被植物吸收的只有40%，其余60%不仅被浪费了还污染了河水。结果，正如萨卡指出的那样，"农业的改善是逐步的，但以高额成本为代价"，在白俄罗斯花费1.15卢布只能得到1卢布的产值，在哈萨克开垦的一些处女地并不适合做永久的农业耕地，20世纪50年代肆虐哈萨克的沙尘暴就是因为土壤层被破坏了。

萨卡指出，苏联的黑土地区域固然非常肥沃，扶持农业发展的巨额资金也能源源不断地被投入到机械、灌溉、化学肥料和杀虫剂上，但"大陆性的北方国家的地理位置是无法改变的"，表现为可耕地少且贫瘠、年降水少且不均、平均温差波动大、农作物生长期短等劣势成为农业生产的主要限制因素。另外，农业改造计划"不可能实现，因为根本无从获得这些计划所需的巨额资金"，而且苏联科学院的计算结论认为这些计划"狭义上的经济收益一直是令人怀疑的"。最后的结论是，"世界上没有一个地方能够实现无止境的增长。苏联的粮食生产几乎达到了其增长的极限。它不可能克服最终的地理限制。……管理不善可以矫正，但增长的极限却不可能"。①

四、环境保护经济成本的极限

面对恶化的生态环境，苏联政府也确实实行过"对生态有益的经济发展政策"，但这无疑会增加经济成本。萨卡将经济成本"分成三类：防止生态退化的成本、彻底转变（修复或清除）已经发生了的生态退化的成本、生态退化造成的经济损失"。② 萨卡自己也承认，没有发现相关的数据是按照以上三类清清楚楚地划分了的，所以只能粗略地提及。

首先，萨卡指出苏联环境保护的经济成本数额巨大以至于不可承受。他引用了戈德曼的数据，后者获得的资料显示，苏联仅改善全国饮用水的供应质量和污水的处理就要花费 170 亿~200 亿卢布，连戈德曼自己也认为，"这一估计数字可能太低"。萨卡还以控制污染的生产设施与装置为例，谈到俄罗斯共和国在 1959—1967 年用于控制空气污染的总费用是 1.556 亿卢布，仅能购买 100 个集尘器，但控制污染的仪器的实际安装数额，远远低于污染者提出的申请数。而这些申请数反过来又远远低于政府机关颁布的投诉与起诉法规所要求的数额。另据库马洛夫接触到的秘密材料显示，1980 年，苏联由于空气和水污染造成的总

---

① ［印］萨拉·萨卡. 生态社会主义还是生态资本主义［M］. 张淑兰译. 济南：山东大学出版社，2012：35.

② ［印］萨拉·萨卡. 生态社会主义还是生态资本主义［M］. 张淑兰译. 济南：山东大学出版社，2012：44.

损失为 500~600 卢布，而 1990 年高达 1200 亿卢布。1984 年，最高苏维埃环境委员会的一名副主席引用的一份评估数据表明，空气和水污染带来的年均损失约占苏联国民生产总值的 2.5%，如果加上环境保护的必要费用的话，这一比例是 4.5%。如此巨大的经济成本，对当时的苏联来讲是不可承受的。正如萨卡指出的那样，"只不过是缺乏资金"。

其次，萨卡发现苏联决策者在当时的时代背景或时代精神下面临一个"选择与优先权的问题"，即苏联要保持其强国地位的话，就只能在环保方面投入那么多；如果额外的环保资金需要来自经济增长，而且要投入在技术设备方面，那么再多的资金投入就没有意义。迫于当时的国际国内形势，苏联的决策者选择了前者，即维持高速的经济增长。后来他们逐渐发现，社会生产一旦超过生态极限的临界点，追加的投资就变得毫无价值和意义。在这种"理性认识"驱使下，1977 年以后的苏联政府走向了另一个极端，几乎没有采取任何措施来纠正破坏环境的行为，因为这样做至少就经济方面而言是合理的。以苏联第五个五年计划为例，此期间苏联国民生产总值年均增长率仅为 4.2%，这时苏联的经济已经无力负担要把 15%~20% 的工厂成本用于环境保护，否则苏联经济会出现停滞。正如勒梅斯修本人也说过，要发展新的、减少浪费和没有浪费的生产技术就需要额外的开支，而这必然导致产品的成本更高。萨卡给出的结论是，"这样的战略具有自毁性，因为经济增长会导致进一步的生态恶化"。

五、国际贸易的局限

制约苏联经济发展和环境保护的除了内在的各种因素之外，还包括其当时所处的非常严峻的国际经济环境。出于意识形态的差异，资本主义国家从经济、政治、军事、文化等诸多方面对以苏联为首的社会主义国家开展了各种形式的"围追堵截",迫使苏联一步步陷入西方国家设计好的陷阱。

苏联实行低工资的政策,其他国家优秀的科学家和专家,包括其他国家的工人一般不会考虑到苏联工作,再加上其恶劣的气候条件,造成苏联国内长期的劳动力短缺,只能维持低水平的劳动生产率。由此决定了苏联在世界市场上长期处于脆弱的地位,主要出口产品一直是低价值的燃料和其他原材料。20世纪80年代初,时任美国中央情报局局长的威廉·凯西组织专家组对苏联经济的脆弱性进行研究,发现在部分年份中,苏联通过出口石油和天然气所赚取的硬通货占据全部硬通货的60%~80%,这些收入成为苏联经济体制的支柱。但迫于当时的形势,苏联只能将这笔钱用于从西方进口粮食和部分技术,以维持经济体制的正常运转。

20世纪后半期开始的第三次科技革命,不仅表明当今世界技术的数量和复杂程度大大提升,而且需要加强国家之间的合作。这时的苏联为了实现社会主义的理想和其他的抱负——成为一个超级大国、生活水平赶上美国、较高的民族威望等,迫切需要填平技术的巨大鸿沟,因而不得不走进世界市场,与其他的工业国家展开经济合作和竞争。但自斯大林时期推行的超高速工业化发展战略,造成了苏联经济结构严重失衡,重工业、轻工业和农业的比例是6:2:2,特别作为首要战略物资的粮食无法自给,只能靠不断地增加进口额来补足。① 但"西方的主要工业国家与欧洲的'社会主义'国家之间存在重大的差异。前者利用

---

① 梁孝. 美国的经济战、苏联解体及其对中国的警示 [J]. 黑龙江社会科学,2013 (2):78-81.

征服的剥削殖民地——既剥削自然资源，也剥削劳动力资源，包括奴隶劳动力……这一剥削在很大程度上使这些国家的较高水平的生活成为可能。……欧洲的'社会主义'国家没有这些'优势'——它们既没有旧殖民地，也没有上述意义上的新殖民地"，① 即苏联社会主义建设不可能从他国得到便宜的自然资源和劳动力。在同西方关于国家的经济交往过程中，为了得到硬通货，苏联一步步迈入了出口石油→换取美元→进口粮食的循环，高度依赖国际市场，逐步形成了其国民经济体系对粮食、美元、石油等战略物资高度依赖的脆弱性。而粮食、美元和石油作为国家的战略物资，实际上又被美国、沙特等国家控制，为苏联招致外部致命打击埋下了伏笔。

就苏联和其他社会主义国家、欠发达国家的贸易而言，总体经济发展水平低，导致了如下两个特点：一是贸易量低。欧洲的"社会主义"国家与欠发达国家的贸易，在 1982 年只占世界贸易的 2%，苏联在 2% 的比例中占到 58%。1986 年，苏联与这些国家的贸易总量只有 140 亿卢布。二是利润少。为了巩固社会主义阵营，苏联在自身黄金储备紧张的情况下，还以非常低的利息率向其他"社会主义"国家提供信贷，希望通过贸易帮助其他社会主义国家的发展。"无论如何，很明显，苏联和欧洲的其他'社会主义'国家都不可能通过融入世界市场来解决它们的经济问题，甚至更不可能在较大程度上填平技术的沟壑。"② 陈旧的相对自给自足的政策，无力破解重要战略物资对国际市场的高度依赖；国际贸易的不利局面，更不足以帮助苏联克服经济危机。

---

① ［印］萨拉·萨卡. 生态社会主义还是生态资本主义［M］. 张淑兰译. 济南：山东大学出版社，2012：50－51.

② ［印］萨拉·萨卡. 生态社会主义还是生态资本主义［M］. 张淑兰译. 济南：山东大学出版社，2012：54.

第三节　苏联"社会主义"社会的道德沦丧

有证据表明，苏联党和政府后来也发觉了社会主义建设过程中的种种问题，承认社会主义的尝试受挫并力图改正。在国际舞台上，苏联的决策者们急于与西方资本主义开展频繁的商业接触以扭转颓势，却是错上加错。更令人震惊的是，在苏联共产党员中竟然出现了拥有特权的"新阶级"，最终引发整个"社会主义"社会的道德沦丧，这些因素交互作用，一起为"转向资本主义做了准备"。

一、新人、新阶级及其特权

苏联精神文明是一个完整复杂的研究体系，在其研究视域中，除了人们熟悉的共产主义教育理论、社会主义生活方式理论外，社会主义新人理论也是其重要的理论亮点。① 在传统社会主义者看来，创造出一个没有剥削、人人平等的民主社会是最高的社会理想，但人们发现，单有经济的国有化、集体化是并不足以建设"社会主义"社会的。所以，社会主义体制一开始，理想人类的概念——"新人"——就被宣传和设想成"社会主义"理想的必然结果和前提条件。布尔什维克领导人和理论家布哈林认为，革命的真正任务是"改变人的实际心理状态"，在被科学设计的社会主义体制中，"系统地准备新人——也就是社会主义的建设者的问题"应被置于最优先的地位。苏联人民教育委员会的

---

① 参见李景阳. 生活方式与精神文明——谈苏联社会主义生活方式理论 [J]. 苏联东欧问题，1984（2）：65 – 68、48.

鲁纳恰尔斯基（Lunacharsky）、著名诗人马雅可夫斯基等人也大声疾呼，我们必须尽我们所能，用一种崭新的心理状态来创造"新人"。安德烈·辛亚夫斯基（Andrei Sinyavsky）将"新人"的思想定位为苏联文明的基石，认为没有新人的社会主义建设是不可能的。

在借鉴安德烈·辛亚夫斯基对"新人"理解的基础上，萨卡不仅强调要把平等、正义、合作、团结、自由内化为"新人"必备的生态价值，还提出必须从道德完善的角度强化"新人"概念。萨卡认为，社会主义"新人"在某种意义上等同于"共产主义者"，他具备下列品质：首先，新人应当具有远大理想并忠诚于最高目标，即在地球上建立一个理想的社会；其次，新人具备把言语转化成行动的能力，他不是梦想家而是积极的实践家；最后，新人习惯于代表大众或阶层利益，拒斥个人主义和利己主义，以此来实现社会主义的理想。因此，"新人"以个人一无所有而自豪，以为了大众的福利而舍弃个人的利益而自豪。其中最重要的是，新人是将最高目标的共产主义理想作为创造平等社会所具备并积极践行的道德准则的人。[①]

在早期的革命热情和理想主义的激发下，苏联工人、青年中间短时期内出现了类似于"新人"的团体，萨卡列举了譬如"共产主义的星期六""反计划""斯达汉诺夫运动"等活动形式，工人通过自愿的、无报酬的工作竞赛，实现工作方式的合理化，提高劳动生产力。甚至到访苏联的外国人都受到了这种精神的鼓舞。安娜·路易·斯特朗曾几次访问过苏联，她这样描述斯大林时代的"新人"："建设新工业和新农场的人民的特征，就是无限的创造性……他们热情奔放地投入到苏联的

---

① 张永刚，钟明华. 萨拉·萨卡生态社会主义的伦理诉求［J］，教学与研究，2013（7）：85–91.

第一个五年计划中。这种创造的热情不仅充满于领导人中间，而且诞生在成千上万的平民当中。"① 萨卡却对此表达了不同的看法。他指出，社会环境不允许只是运用道德动力来推动社会的前进。

20世纪60年代，许多理论家指责苏联和欧洲其他的"社会主义"社会不再是社会主义的，"社会主义"很早就已经失败了。赞同这一质疑，萨卡道破了其中的缘由——理想与原则在现实中的脱节。他引用了苏联共产党员中的批评家的结论，认为在社会主义制度的早期，特权、不平等和专制的新体系就已经开始形成，即是说，苏联共产党导致社会中存在太多不平等现象，不仅没有能够培养出一代新人，反而滋生出了一个特权阶层，德国社会民主党领导人考茨基用"新阶级"这一术语来描述这一现象。

关于苏联是不是形成了新阶级，是不是属于阶级社会，萨卡显然不同意以托洛茨基为代表的苏联持不同政见者。尽管受到了政治迫害，托洛茨基和其他持不同政见者依然认为，苏联虽然已发生退化，但无论如何是一个工人的国家，没有出现新的精英阶级，苏联基本上还是一个"社会主义"的国家。他们的理由是，首先国家的性质是由生产方式决定的；其次，统治官僚的特权不能自动地传到下一代。托洛茨基将苏联的统治官僚定位为一个阶层而不是一个阶级。萨卡着重考察了斯兹曼斯基（Szymanski）的观点。后者分析了苏联从20世纪60年代到70年代美苏对比的数据，结论是苏联虽然"明显地呈现出一个截然不同的社会阶层的发展趋势"，但"没有形成一个可与西方富有的公司所有人和管理阶层相媲美的不同的社会阶级"，而且"他特别强调，这一明显向

---

① 转引自［印］萨拉·萨卡. 生态社会主义还是生态资本主义［M］. 张淑兰译. 济南：山东大学出版社，2012：73.

上的社会流动来自国家教育机会平等的努力。最好的结果是在政治领域取得的"。①

萨卡认为斯兹曼斯基的观点中存在疑问。他指出，要判断苏联是不是一个阶级社会，有两点是重要的：工资的支付形式、工人与管理者的关系。就工资的支付形式而言，被认为是"资本主义的方法"的计件工资早在1918年就被苏联工会中央委员会批准，到1956年苏联77.5%的产业工人拿的是计件工资制工资，这一比例到1965年仍然是57.6%，结果"在工人阶级中间造成了分裂，不仅在收入方面，而且在态度方面"。就工人与管理者的关系而言，萨卡引入了"异化"的概念来解释斯兹曼斯基的矛盾。萨卡指出，在现代大规模的工业经济中，由于工人的不成熟决定了工人实际参与决策的空间很小，行政权实际上集中在上层官僚手中。由此出发，萨卡诘问斯兹曼斯基，苏联大多数统治精英的无产阶级的和出身卑微的相似性能够保证苏联是一个"社会主义"国家和工人阶级继掌握政权吗？答案是否定的，因为社会流动的上升性并不一定意味着，那些上升到较高阶级或阶层的人仍然保持着并代表他们出身的那个阶级或阶层的利益。萨卡的结论在布哈林那里得到了印证，后者在1922年写道："即使出身无产阶级，即使拥有最粗糙的手……也无法保证不会变成一个新的阶级。……诉诸工人阶级的出身和无产阶级的善良本身，并不能成为否认这种危险存在的论据"，萨卡补充说，"苏联的危险更大"。②

萨卡进一步批驳斯兹曼斯基的观点。其一，斯兹曼斯基运用的是社

---

① ［印］萨拉·萨卡. 生态社会主义还是生态资本主义［M］. 张淑兰译. 济南：山东大学出版社，2012：63.

② ［印］萨拉·萨卡. 生态社会主义还是生态资本主义［M］. 张淑兰译. 济南：山东大学出版社，2012：68.

会学标准来判断苏联是否形成了新阶级，而苏联的"新阶级"只是还没有达到社会学所规定的阶级形成的条件，但在苏联实际生活中确实存在着一个"寄生性的官僚阶级"。① 他们可以不依赖于生产资料，仅仅利用自己在社会结构中的特殊地位就能够获取和享有不正当的物质特权，并扩展至处理与低层民众的关系领域。其二，斯兹曼斯基所引用的材料依据没有考虑到"特权、被承认或未被承认的隐藏着的物质报酬"，如汽车和高档公寓的使用、奢侈的旅游费用、供应短缺的商品和服务的价值等，这些东西的价值是难以计算的，在供应普遍短缺的苏联，这明显"在继续着剥削"。"十月革命后，苏共领导人真诚和努力遵循马克思主义关于消灭阶级和消灭阶级差别的理论建设苏联的社会机构……体现了社会主义的公平与优越性。但另一方面，由于苏共集权的政治体制以及指令性计划经济体制定型下来……使社会两极性在不断深化。"② 苏联管理集团和劳动集团的工资水平差距逐渐拉大，50 年代初期部长和普通勤杂工的月收入相差 50 倍以上，赫鲁晓夫时期出现了利益集团，勃列日涅夫时期形成了特权阶层，以权谋私盛行，社会结构两极性深化。可见，苏联解体前不同社会阶层收入不平等已经非常明显，以至于特权集团想掩盖这些，因为他们明显地担心，无法在大众面前证明他们行为的合法性。萨卡的结论是，苏联重新变成了一个阶级社会，"拥有权力和特权的新阶级的形成，是社会主义的苏联社会道德沦丧的最强力的证据。"③

---

① 马强强，赵玲. 增长极限范式与可持续社会的创建 [J]. 广西社会科学，2013 (9)：61 - 65.

② 黄立茀. 苏联社会阶层与苏联剧变研究 [M]. 北京：社会科学文献出版社，2006：180.

③ [印] 萨拉·萨卡. 生态社会主义还是生态资本主义 [M]. 张淑兰译. 济南：山东大学出版社，2012：72.

所以，萨卡认为"社会主义"失败的第二个重要原因，它通常被称作是人为因素或主观因素，那就是"社会主义"国家没能够培养出一代"新人"，却滋生出一个享有特权的"新阶级"。

二、全社会道德退化

根据列宁关于阶级的定义，从与生产资料的不同关系出发，可以将苏联社会区分为两大基本集团：管理者集团和劳动者集团。① 二者在生产资料的占有关系方面具有同一性，但在支配层面具有差异性，管理干部掌握了对国家全部生产资料的支配权，劳动者只是运用生产资料进行劳动。但由于激烈的权力斗争和严峻的国际环境，苏联逐步形成了高度集权的体制，个人集权、个人崇拜盛行、党政不分、以党代政、干部任命制、缺乏有效的监督机制等，严重破坏了党的民主制度，苏共党内滋生出特殊的权力阶层，这个特权阶层恰恰就"是10万人左右的占据着党政机关重要岗位的'精英集团'"。② 结合国际国内的实际，对于类似的问题，邓小平指出，"过去发生的各种错误，固然与某些领导人的思想、作风有关，但是组织制度、工作制度方面的问题更重要"，"领导制度、组织制度问题更带有根本性、全局性、稳定性和长期性。这种制度问题，关系到党和国家是否改变颜色"。③

海德里克·史密斯（Hedrick Smith）是20世纪70年代上半期《纽约时报》驻莫斯科的通讯员，他依据苏联的新闻报道，以及与他的苏

---

① 黄立茀. 苏联社会阶层与苏联剧变研究［M］. 北京：社会科学文献出版社，2006：145.

② ［美］大卫·科兹. 一位美国学者对苏联解体的分析［J］. 真理的追求，2000（7）：26 – 30.

③ 邓小平文选（第3卷）［M］. 北京：人民出版社，1993：333.

联朋友和熟人的谈话，得出的结论是，大多数的苏联公民讨厌精英的特权，觉得他们不体面的生活水平纯粹是对"社会主义"理想的一种嘲笑。史密斯举例说，1990 年 6 月的一次"苏共究竟代表谁的利益"民意调查中，认为"苏共代表工人""苏共代表全体人民""苏共代表党员"的受访者分别为 4%、7% 和 11%，而认为"苏共代表官僚、干部、机关工作人员"的比例高达 85%。① 这主要是因为苏共内部特权阶层的形成，不仅背离了党的性质和宗旨，而且消解了人民群众对苏共的信任和支持。所以，当史密斯发现大多数苏联人并不去努力改变这种状况，而只想追随特权阶层，希望能够分得一杯羹时，心中并不奇怪。萨卡注意到了此类现象，他的理解是，在更严格的意义上，苏联形成了新的特权阶级，并引发了"全体人民，包括工人、普通士兵、共产主义者，也存在道德的退化"。② 上至国家政策的制定者，下至普通的工人，一场较大范围的道德退化在全社会蔓延。

无论是资本主义的支持者，还是"社会主义"的改革者，都发现了"社会主义"经济脆弱和低效率的根源——国家或集体所有、合作取代竞争以及计划、行政管理的集权发展，萨卡用"发达的'社会主义'的现实"和"没有同志之爱的共产主义者"之间的矛盾来描述这一现象。萨卡说，"社会主义者和'社会主义者'都想建立一个理想的社会主义社会，而不仅仅是一个有效率的经济"。③ 这就意味着，政策

① 王建均. 苏共党内特权阶层的腐败和蜕变是苏共亡党、苏联解体的根本原因 [M] //见李慎明. 历史在这里沉思——苏联解体 20 周年祭. 北京：社会科学文献出版社，2011：268.
② [印] 萨拉·萨卡. 生态社会主义还是生态资本主义 [M]. 张淑兰译. 济南：山东大学出版社，2012：72.
③ [印] 萨拉·萨卡. 生态社会主义还是生态资本主义 [M]. 张淑兰译. 济南：山东大学出版社，2012：75－76.

制定者和计划者希望尽快消除城乡之间、区域之间生活水平的差距。在许多情形下,出于公平分配的考虑,国家不得不违反经济优势原则和市场的法则,根据政治性和指导做计划。从官方的政策层面来看,苏联"社会主义"社会正努力实践其理想。但是,正如所有的批评家指出的那样,苏联的计划和生产是"不可能完成的一项任务",因为计划常常改变且总是前后矛盾,导致企业管理者既没有动力自己去创新,也不会去引导别人创新。结果,造成一种非常奇怪的现象:"'社会主义'经济一方面是'短缺经济',另一方面是他们由于计划错误而生产了许多不必要的东西。"萨卡认为这才是导致社会主义经济无效和虚弱的较深层次的原因。① 在企业的集体劳动过程中,为了能够轻易地完成并超额完成计划以获取更多的奖励,企业和经济部门有意识地提供虚假信息给计划制定者。计划制定者则采取"棘轮原则"来应对,即把上一年的绩效作为基数,然后按照一定的百分比加以提高,虽然他明明知道这个任务不可能完成,但也只能这样做。这是一个恶性循环,双方互不信任、互相欺骗、缺乏合作,其后果必定非常糟糕。正如戈尔巴乔夫在1987年描述的那样,社会主义建设中消耗了最大量的劳动力、原料和货币的工人或企业,被认为是最好的,而且这种现象非常典型。这种"非社会主义"的精神状态,部分地造成了社会主义经济的疲软,即使在较高级别的经济层面上,自私自利的"非社会主义的"行为也随处可见。没有人更努力地去工作,那些不诚实的行为也不会受到惩罚,因为"每一个人都被锁进了一个相互依赖的腐败圈",每一项试图发动群众却没有许诺物质利益的运动必定是伪善的。盗贼、各式各样的腐败、

---

① [印]萨拉·萨卡. 生态社会主义还是生态资本主义 [M]. 张淑兰译. 济南:山东大学出版社,2012:75.

非法的经济活动一起构成了"反经济",俄罗斯人讽刺性地称其为"匍匐前进的资本主义"。

就党内民主而言,在斯大林的恐怖统治下,党员之间的关系变得更加生硬粗暴,所有诚实的、向上的、真诚和勇敢的共产党员被处死、驱逐或入狱,剩下的全都是恭顺的仆从和阿谀奉承者,盲目地忠诚于领导或部门的负责人成为苏联社会的规则。萨卡称"这一极大的犯罪最终毁掉了党的士气和精神","'社会主义的'真正灵魂已经死亡了"。

三、公地的悲剧

"公地的悲剧"思想最初源于亚里士多德,他认为凡是属于最多数人的公共事物,常常是最少受人照顾的事物。1968 年,美国生物学家加勒特·哈丁(Garrett Hardin)在《科学》杂志上发表了一篇题为《公地的悲剧》的文章,提出了著名的理论模型——公地的悲剧。受公地内在逻辑的驱使,追求自身利益最大化的"理性"牧羊人都会倾向于放养尽可能多的羊,尽管他们知道牧场很快就会因过度放牧而退化。如果没有其他因素影响的话,最后清算的一天终会到来:草场沙化,羊群死掉。哈丁得出的结论是:在一个共享共有物的社会中,信奉公有物自由的每一个人都会无节制地增加"牲畜"以求各自的最大利益,这时毁灭是所有人都奔向的目的地,因为每一个人都被"锁定"在有限范围的制度中。恰恰是公有物"自由"给所有人带来了毁灭,这就是悲剧所在。

萨卡认为,苏联社会主义失败的全部答案都可以归纳到"公地的悲剧"这一概念。哈丁在论文中抽象谈论的牧场与牧羊人之间的关系和苏联现实存在的具体资源与实际的经济参与者之间的关系,存在着实质性的相似。这种相似性具体表现在两种意义上：一种是土地、水资源和原材料这些作为"公地"的资源都属于国家，在创建"社会主义"社会的目标下免费为经济参与者使用；另一种是自然作为所有污染物的接收器具有"公地"的性质。在苏联，不仅自然资源，包括拥有资金、设备和人力的国家，拥有机器和原料的企业以及所有的基础设施和公用事业，都被看成是"公用地"，被不可持续地、不合理地掠夺和滥用。无论是苏联的高层政治领导人还是普通的民众，都像哈丁的牧羊人一样期待着更多，前者试图尽可能多地生产从而赶上美国，后者则希望尽可能多地消费以提高生活水平。

萨卡还对哈丁的公用地与苏联这块巨型公用地做了比较。哈丁所讨论的牧羊人作为私营业主是理性经济人，其行为纯粹是受私营企业的逻辑驱使，目标在于利润最大化。苏联经济参与者通过庞大的非法的"反经济"和无所不在的腐败，努力使自己的奖金最大化。在资本主义和"社会主义"国家，掠夺公地现在是（过去也是）司空见惯的做法，但在苏联，掠夺的程度更高。二者在这些方面是相似的，但差异也是必须要强调的。在苏联社会中，经济参与者是以一种计划的方式使用公用地，奖金最大化是"社会主义"经济中许多弊端的后果，却不是"社会主义"制度的必然逻辑结果，后者组成的工作集体本来没有奖金动力也能够认真工作，"共产主义星期六"就是一个典型的例子。

哈丁认为，"公地的悲剧"的原因不在于个人的罪恶和贪婪，而是制度本身，或者说，是由于依附于一个一旦达到承载能力就会失效的系统。而在萨卡看来，哈丁的牧场和牧羊人是抽象的，而真实存在的公用地则有不成文的规则和共识，它存在道德的和环境的秩序，是一种公用地体制，平衡、关心和爱护是其主要特征。萨卡还注意到，苏联这块巨型公用地是不可能产生这种体制的，原因在于苏联的共产主义者没有创造出"新人"和新的道德秩序，普通民众的心灵里没有战胜资本主义社会的自我意识，"社会主义"社会的消费欲望和贪婪与资本主义一般高（尽管实现的可能性比后者更遥远）。

关于解决公用地悲剧的方法，哈丁提出，解决公用地悲剧的有效方法是明确产权（私有化），把公地分配给每个牧民，使其产权明晰、权责明确。这样每个牧民在追求自身利益最大化的时候，就会自觉考虑到长期效应，从而使牧场资源得到更有效率和更可持续的利用。但是，萨卡指出，任何"社会主义"或"社会主义 的"社会都不能在把其自然资源转换成私人所有的同时，还能够保持其社会主义的性质，也就是说，私有化路线在苏联是行不通的。针对哈丁提出的"创造一种能够起矫正作用的反馈机制"来保持监管人的诚实，萨卡的观点是，这是"最大的挑战"，如果能做到的话，"在避免公用地遭到毁坏的同时，使正义和诚实成为人类关系的主流"。①

在分析苏联解体的原因时，萨卡还赞同柏林自由大学政治学教授埃尔玛·亚尔特法特（Elmar Altvater）的社会构型危机理论。亚尔特法特认为，社会危机分为大危机和小危机两种类型。在资本主义社会中，小危机虽然表现为一种否定性的反馈，但因为资本主义制度及其运行方式没有问题，所以能够通过现存的社会政治和经济结构的自我调整得以解决。一系列无法控制的小危机将导致长期而深刻的社会、政治、经济转型和社会制度的改变，亚尔特法特将其称为社会构型的危机，即大危机。因为资本主义实现了市场经济与民主的结合，所以它在经历了20

① ［印］萨拉·萨卡.生态社会主义还是生态资本主义［M］.张淑兰译.济南：山东大学出版社，2012：89.

世纪 30 年代的大萧条、法西斯主义和第二次世界大战后生存下来，说明其能够克服这些危机，并成功实现了社会构型的转换。

但在"实际存在的社会主义社会"里，情况却不是这样。因为计划经济和官僚体制，"社会主义"的构型太刚硬了，尽管其有很多缺陷，但这些缺陷没有或不能上升到表层，不能表现为有效的小危机形式，所以"实际存在的社会主义"逐渐丧失了演变的能力。就像表面静止的河水一样，底部越来越多地沉积着破坏潜力极大的沉淀物，当大危机最终到来时，就会变成一种社会爆炸性力量，远远超出了系统内部的转型。80 年代后半期，意识到大危机即将到来的苏联人试图自我转型，但这时"社会主义"的自我组织已经不可能了，人们只关心个人生活，社会主义制度的凝聚力丧失殆尽，"在这一体制崩溃之前，合法性危机就产生了"，这些改革注定要失败。

毫无疑问，苏联解体、东欧剧变作为 20 世纪八九十年代世界政治和国际格局中重大的历史事件，对其原因的探讨和争论几十年来从未间断。是经济的崩溃还是公有制的无效？是一小撮人的阴谋还是人民大众的背叛？国内外众多学者从不同角度、不同立场对其发生的原因进行研讨，众说纷纭。大都认为东欧剧变是"合力"作用的结果，但具体原因是多方面的，主要集中在经济失败、政治集权、体制僵化、军备竞赛、民族以及宗教矛盾、官僚特权等方面。概括起来说，可以分为经济原因、政治原因和其他原因三个主要领域。例如，主张经济原因的江流、陈之骅认为"经济危机是酿成苏联剧变的主要原因"；① 西方也有学者认为，苏联的计划经济实际上早在 20 世纪 80 年代就开始崩溃了，

---

① 江流，陈之骅. 苏联演变的历史思考［M］. 北京：中国社会科学出版社，1994：91.

实行市场化和私有化是当时苏联的无奈之选。① 许多学者主张应该从政治领域中寻找东欧剧变的原因，黄宗良认为，"苏联剧变的最核心的原因是政治问题，是政治制度、政治体制的弊端引发的"；② 德国社会民主党领导人奥斯卡·拉封丹指出："现在，我们目睹了共产主义制度由于缺少自由和民主而陷入瓦解"③；陆南泉、姜长斌认为，戈尔巴乔夫推行的"错误路线是苏联剧变的关键因素"，"导致苏共逐渐变质，丧失政权，社会主义制度被颠覆"。④ 而原苏共中央书记处书记、总务部长瓦·博尔金认为，苏联是被戈尔巴乔夫等"一小撮最有影响的党和国家领导人葬送的"。⑤ 刘克明指出，苏联瓦解的根本原因在于苏联共产党内部出现了日益贪婪、专权、保守的官僚特权阶层，这是苏联剧变的社会根源和苏联社会主义制度、苏联共产党覆灭的根本原因。⑥

　　除了较多见的经济和政治领域外，还有部分学者从文化、民族关系等角度提出了自己的见解，曾任美国前总统卡特国家安全事务助理的布热津斯基把苏联剧变的主要原因归结为道德的畸变和沦丧，认为"纳粹和共产党都蓄意煽动人的道德畸变"；⑦ 国内学者赵薇则提出，苏联

---

① ［美］大卫·科兹．苏联解体的原因［J］．当代思潮，2000（5）：30 – 34.
② 黄宗良．书屋论政——苏联模式政治体制及其变易［M］．北京：人民出版社，2005：5.
③ 转引自［俄］戈尔巴乔夫，［德］勃兰特，等．未来的社会主义［M］．北京：中央编译出版社，1994：68.
④ 陆南泉，姜长斌．苏联剧变深层次原因研究［M］．北京：中国社会科学出版社，1999：188 – 189.
⑤ ［俄］瓦·博尔金．戈尔巴乔夫沉浮录［M］．李永全，等译．北京：中央编译出版社，1998：3.
⑥ 刘克明．论苏联共产党的官僚特权阶层［J］．俄罗斯中亚东欧研究，2003（3）：1 – 11，95.
⑦ ［美］兹比格涅夫·布热津斯基．大控制与大混乱［M］．潘嘉玢译．北京：中国社会科学出版社，1994：45.

剧变的根本原因是苏联共产党丢掉了马克思主义、社会主义的正确信念，使社会主义最终发生了质变。① 曾任苏联最高苏维埃联盟院主席、苏联世界经济与国际关系研究所所长的叶·普里马科夫（E. Примаков）则断言，"毫无疑问，苏联解体的最大原因之一就是中央和各加盟共和国之间的关系出现了危机"。②

以上各种观点见仁见智，各有所长，可以说都是苏联模式失败的原因。现有学者从生态—社会的维度对东欧剧变的原因展开分析，也较少涉及苏联社会主义建设过程中的生态环境问题。可以看到，在苏联共产党的领导下，苏联人民成功地跨越了资本主义的制度的"卡夫丁峡谷"，完成了社会制度上的伟大进步。但经济制度和生产力的发展是无法跨越的，所以加速经济发展、快速提高生产力是摆在苏联人民面前的重大历史任务，也是最紧迫的工作。从客观上看，在国内外势力的联合绞杀形势下，苏联只能以消耗大量资源、以污染环境为代价来赶超发达的资本主义工业国家。从主观上看，当时的苏联领导人和一般民众没有注意到已在西方兴起的环境保护运动，盲目地认为苏联的资源是无限的，进而在经济理性的主导下片面强调为了生产而生产，结果导致日益严重的生态环境问题。这样的生态教训确实是令人反思的。美国学者巴巴拉·扬卡认为，"人们几乎普遍地把东欧和苏联共产主义的垮台归因于所谓社会主义经济实验的失败。然而重要的是，并不是经济失败使成千上万的人民涌上街头……首先把人们带到街头的是环境状况，是人们

---

① 赵薇. 信仰的缺失与重建［J］. 山东社会科学，2006（8）：84 – 86.
② ［俄］叶·普里马科夫. 思想之声［M］. 李成滋译. 北京：中央编译出版社，2012：56.

认识到，他们的生活条件出现了严重的问题"。①

　　与众不同，萨卡从自己独特的视角做出了解释，将苏联社会主义的崩溃归结为两点：遭遇了"增长的极限"和生态恶化、产生了新阶级和社会主义的"道德沦丧"。萨卡从生态视角对苏联模式社会主义的批判，是一个新的理论切入点，给人们耳目一新的感觉。正如他在《生态社会主义还是生态资本主义》中所说，苏联的社会主义建设乃至改革"注定是要失败的"。这是因为，以苏联为代表的社会主义国家在社会主义建设过程中，迫于国内外形势的需要，在指导思想层面片面强调生产效率的提高和生产力的发展，在政策方针层面赶超战略压倒一切，在体制设计层面计划体制顾此失彼。20 世纪 70 年代，苏联政府不得不重视日益严重的生态问题，并采取系列措施加强对环境污染的治理。然而到了 70 年代末，军备竞赛、经济停滞、官僚作风使苏联政府已经无力顾及生态环境的保护和治理，致使生态事故不断发生，环境保护问题更是无从谈起。

　　与此同时，一股以建立和平、民主、公正的生态社会为奋斗目标的政治思潮和社会运动在西欧政治舞台上风生水起。此时一些国家的社会民主党、共产党甚至部分资产阶级政党为了争取选票、赢得民心，也纷纷调整各自的策略，在选举和施政过程中高举生态、和平主义的大旗，给自己的政治主张涂上或深或浅的绿色，② 这就是有别于传统阶级政治的"新政治""绿色政治"。受其深刻影响，当时的苏联领导人戈尔巴乔夫提出了以"人道的""民主化""公开性"保障人权等为根本要求

---

① 陈新明. 苏联演变与社会主义改革［M］. 北京：中共中央党校出版社，2002：158.
② 余科杰. "绿色政治"与苏联解体［J］. 当代世界社会主义问题，2005（3）：15 - 22.

和根本途径的"新思维"作为苏联社会主义改革的指导思想。"新思维"与"绿色政治"在人类未来和全球问题上的基本看法具有明显的相同或相似之处,甚至有着某种渊源关系。"绿色政治"所阐述的生态环境优先、人类整体安全、反战反核的和平主义三大观念以其超阶级、超国家、超社会制度的特性,极易得到不同国家、不同社会制度下民众的认同和接受。以1986年切尔诺贝利核电站核泄漏事件为代表的一系列生态事故在别有用心的西方媒体的大肆渲染和政治性煽动下,"悲痛与愤怒的浪潮席卷了全国"。[①] 这时苏联境内的民主民族运动则打着生态保护的旗帜,在官方的默许下迅速发展壮大,它们把生态环境问题同苏联党的领导和政治制度别有用心地联系起来,极力煽动群众对苏联党和政府的不满情绪和不信任感。正如戈尔巴乔夫自己所言,"这次事故极其严重地影响了我们业已开始的改革,直接打乱了全国的生活",它直接点燃了苏联动乱和解体的导火索,深刻影响了苏联的历史进程。

总之,在萨卡看来,以苏联、东欧国家为代表的社会主义模式的失败既不在于这个制度不注重生产力的发展,也不在于经济发展速度慢于西方国家,真正的原因在于做出了错误的社会主义"定位":无止境的工业发展水平和资本主义国家一样甚至更高的消费等。

在著者看来,萨卡对苏联社会主义失败的分析固然有一定的道理,但有简单化的倾向。苏联剧变和最终解体的原因是复杂的、"复合"的,既有领导权力的滥用、特权与腐败等政治体制领域的问题,也有思想僵化、唯上是从等意识形态领域的问题;既有西方自由思想和消费观念的影响等外部原因,也有资源浪费严重、生态环境恶化等内部原因。

---

① 米·谢·戈尔巴乔夫. 戈尔巴乔夫回忆录 [M]. 述弢,等译. 北京:社会科学文献出版社,2003:376.

但有关资料表明，萨卡将资源的极限、生态问题作为苏联制度更替、国家解体的根本原因，显然有失偏颇，明显夸大了苏联的生态问题和苏联人的物质欲望对制度变迁的影响，必定遭到一些学者的反对和批评。当然，必须肯定的是，萨卡注意到了生态因素对于社会稳定发展的制约作用，他对传统社会主义的生态批判，在一定程度上揭露了苏联模式社会主义的缺陷与不足，这对于我们总结国际社会主义运动的经验教训，坚持走有中国特色的社会主义道路，建设社会主义生态文明与构建和谐社会具有重大的理论价值和现实意义。

第三章

萨卡对现实资本主义的生态学批判

生态环境的持续恶化，使其成为当前人类社会亟须高度关注的问题。在这样的社会大背景下，如何消除生态环境危机、实现人类的持续发展，就顺理成章地成为各国政府和有识之士争辩、论争的热点和焦点话题。在资本主义国家内部，两种截然不同的声音不相上下。一种声音刻意回避资本主义经济发展同生态环境难题的矛盾，公然否认环境问题和生态危机的存在，这种观点不出意料地遭到了越来越多的抵制。另一种声音虽然承认生态危机的存在，但却认为生态发展与资本主义不是必然矛盾的。基于此，在不改变资本主义制度的前提下，人们完全可以按照市场经济的手段和方法，通过市场机制、绿色技术和理性人的假设使环境保护与资本主义联姻，以此来拯救生态环境，实现资本主义社会的继续发展，出现了形形色色的"生态资本主义"理论。

对于这两种论调，所有的生态社会主义理论家都给予了无情的揭露和严厉的批判，他们基本一致的观点是：生态环境危机是当代资本主义生产方式中不争的事实，生态环境问题处于或即将处于"崩溃点"；资本内在的增长的逻辑和"反生态"本性决定了任何形式的"生态化改良"都是不切实际的幻想，因而资本主义是不可持续的。在这些此起彼伏的批判声音中，当代欧洲生态社会主义著名学者萨拉·萨卡的批判，无疑是其中的最强音。①

第一节 生态危机是资本主义危机的根源

全球性生态危机愈演愈烈，只有找到其根源才能探寻正确的应对之道。有些学者将其归结为工业化的必然结果，宣称"作为'工业主义'而不是资本主义的生产，应当为对自然和人民的支配和自然存在的脆弱性而受到责备"，②在分析资本主义的生态危机时，萨卡将其置于更为宏观的维度——资本主义的社会危机之中来加以分析。20世纪八九十年代，欧洲社会主义运动的失败和亚洲、美洲社会主义面临的困境，使世人清楚地看到了"经典社会主义"模式的诸多弊端。以苏联解体为标志的冷战的结束，使以弗朗西斯·福山为代表的资本主义理论家们无不得意，福山在《历史的终结和最后的人》的扉页上兴奋地写道：自由民主的理念已无可匹敌，历史的演进过程已走向完成。③换句话说，以自由民主为标志的资本主义制度相对于社会主义体制取得了全球性的胜利，形成了"人类社会形态进步的终点"与"人类统治的最后形态"，也构成了"历史的终结"。福山的"历史终结论"思想招致许多方面的激烈批评——除了社会主义国家的知识分子，还遭到了来自西方的左翼

---

① 解保军. 生态学马克思主义名著导读 [M]. 哈尔滨：哈尔滨工业大学出版社，2014：165.
② [英] 戴维·佩珀. 生态社会主义：从深生态学到社会正义 [M]. 刘颖译. 济南：山东大学出版社，2012：169.
③ [美] 弗朗西斯·福山. 历史的终结及最后的人 [M]. 陈高华译. 桂林：广西师范大学出版社，2014.

分子甚至部分右翼分子的批驳。① 萨卡虽然没有和福山就"历史终结论"展开过直接交锋，但他客观地描述了资本主义社会的另一番景象：冷战结束后，资本主义世界曾经沉浸在一片欢乐的节日气氛中，人们一度对一份硕大无比的"和平红利"充满了希望；但到了 1999 年，这种节日狂欢气氛完全消散了，许多人开始怀疑资本主义体制是否有任何对社会问题的有效解决措施；到了 2000 年，人们已经开始讨论它的失败了。②

不难看出，与福山的结论相反，萨卡已经肯定资本主义经济危机的继续存在并且日益恶化，他在《资本主义的危机——一个生态社会主义者的思考》的序言中写道，"自 20 世纪 90 年代，构成整个世界图景的是一系列严重的经济危机、一系列的战争和内战、不断加剧的贫困以及涉及世界大部分人口的经济安全问题，与之相伴的则是少数人的富裕、自然和环境灾难、战争带来的大量流离失所的难民、环境恶化、经济危机以及近乎的赤贫"。③ 难怪在 1999 年西雅图反世贸组织游行期间，抗议者们喊出了"让我们打碎资本主义"的口号。但作为一个非传统的马克思主义者，在经济危机的起源、解决方法、发展趋势等方面，萨卡与马克思有很大的不同。特别是在关于资本主义的最终危机方面，萨卡说尽管马克思主义的社会主义者等待了一百多年，但最终危机不仅依然没有到来反而出现了"欣欣向荣的 90 年代"，更具讽刺意义的是同时期社会主义工业化大国却变得分崩离析。

---

① 刘仁营，裘白莲. 评福山的"历史终结论"［J］. 红旗文稿，2009（18）：17-20.
② ［印］萨拉·萨卡. 当代资本主义危机的政治生态学批判［J］. 申森译. 国外理论动态，2013（2）：10-16.
③ ［印］萨拉·萨卡. 当代资本主义危机的政治生态学批判［J］. 申森译. 国外理论动态，2013（2）：10-16.

　　"人类 21 世纪开启于一个灾难性境况，前所未有程度的生态崩溃和一个混乱无序的世界。"① 与其相类似，萨卡认为进入 21 世纪整个世界才开始真正感受到一种危机的气氛，而且这种气氛仍在持续加深。萨卡将这些危机分为两大类：相对无害的暂时性危机和根本性危机。像通货膨胀、福利削减、失业增加、发展中国家债务等危机，早已存在且往往是暂时性的，都可以通过相应政策的改变而加以解决，因而不具有威胁人类社会生存的危害性，属于暂时性危机；但粮食危机、能源危机、毁灭性气象灾难、难以克服的社会与政治危机等，不仅使当今社会的繁荣面临着崩溃的危险，而且这些危机是根本性的，因为它们根源于现行的资本主义和工业体制。在这些根本性危机中，"潜伏着的总体性资源危机"将会导致持久的衰退。所以，萨卡认为当代资本主义面临的最大挑战是如何找到"新型"的可更新能源，这种新型的能源既能够维持经济增长又不破坏环境。为此，萨卡详细考察了风能、太阳能、核能和生物质等，但结果是令人失望的：这些"新"能源要么依赖于化石燃料否则无法自我再生产，要么是旧技术的现代复活需要大幅度财政补贴，要么生产的净能源很少甚至是负的。无论是国际能源署（International Energy Agency）推广可更新能源的一揽子计划，还是伦敦政治经济学院教授尼古拉斯·斯特恩（Nicholas Stern）控制全球变暖评估，②在萨卡看来都是值得怀疑和不可接受的。

---

① ［美］乔尔·科威尔，［法］迈克尔·洛威. 生态社会主义宣言［M］//郇庆治. 重建现代文明的根基——生态社会主义研究. 北京：北京大学出版社，2010：301 - 304.

② 国际能源署希望在至 2050 年，每年建造 17500 个风力发电机组，全球 46% 的电力供应由可更新能源提供，温室气体排放减少一半。2006 年，由英国政府任命尼古拉斯·斯特恩担任主席的委员会发布的《斯特恩报告》称，只需要花费全球年度 GDP 的 1%，2050 年前就能把全球变暖控制在一个安全的水平。

萨卡同意经济学家罗伯特·塞缪尔森（Robert J. Samuelson）的观点，认为经济增长和控制温室气体排放之间的关系是紧张的，我们要面对现实而不是凭空想象。在根本性危机中，萨卡特别提到了生态和能源危机，并形象地将它们比喻成"钳夹式危机"。这双重危机并非是绝大多数左翼人士看到的资本主义的危机，在萨卡看来，双重危机缘于资本主义社会存在着的两对矛盾："一对是生态与资本主义工业经济的矛盾；另一对是资本主义精神与正义及社会福利的矛盾。"①

萨卡认为，造成当前资本主义危机持续加深的原因并不是马克思主义者提出的、确实存在的资本主义社会的内部矛盾，同样，危机的来源既不是国家垄断资本主义之间、帝国主义集团之间、前殖民国家与前殖民地半殖民地之间以及前殖民国家与目前涌现的新兴工业国之间的矛盾，也不是源于工人阶级与资产阶级之间的矛盾，而"是正在制造环境灾难的全球气候变暖以及各种各样的生态危机，尤其是日常性的全球性污染和环境恶化。在可预见的将来，所有这些都会日趋严重，而且这种趋势是确定不移的"。② 与安德烈·高兹等生态社会主义者的观点相类似，萨卡将生态危机视为资本主义社会危机的根源。

第二节 生态资本主义的虚幻性

工业革命以来，资本主义社会生产力得到了飞速发展，社会财富急

---

① 解保军. 生态学马克思主义名著导读 [M]. 哈尔滨：哈尔滨工业大学出版社，2014：167－168.
② [印] 萨拉·萨卡. 当代资本主义危机的政治生态学批判 [J]. 申森译. 国外理论动态，2013（2）：10－16.

剧增加，"资产阶级在它的不到一百年的阶级统治中所创造的生产力，比过去一切世代创造的全部生产力还要多，还要大"。① 与飞速发展的生产力相伴而生的，是生态环境被严重破坏的事实。20世纪80年代以后，日益凸显的气候危机、资源危机和广泛的生态危机构成了一幅令人窒息的世界图景。在这种态势下，生态现代化理论的产生、可持续发展理念的提出和普及，特别是苏联模式社会主义的崩溃，催生了心怀各种目的的"生态资本主义"，包括资本主义国家绿党在内的生态运动的大多数激进分子也一改往日的激进形象，向现存体制做出了妥协，纷纷提出"重构工业社会""可持续发展""可持续增长"等口号，认为可以通过环境保护创造大量的就业机会，主张通过"生态—社会的市场经济"方式实现资本主义制度的生态改良。萨卡将其描述为是资本主义社会的生态运动中出现的一种不是很清晰的替代性概念，它广泛宣传的是一种基于"后增长经济"的"团结社会"的愿景。由此，"生态资本主义""绿色资本主义""自然资本主义"等术语不断被提及，资本主义制度好似找到了一条新的发展道路。

概括起来说，资本主义社会内部逐渐形成的这股思潮，是从资本主义的视角出发对生态环境问题产生、演变展开理论分析、探讨实践应对，学界称其为生态资本主义。参照已有的文献，从理论内容上看，生态资本主义否定生态环境问题的存在或严重程度、否定生态危机的资本主义根源、否定社会主义的解决方案，声称"在资本主义的利润和环境质量之间并不存在现实鸿沟"。② 生态资本主义的核心问题是要调和

---

① 马克思恩格斯文集（第2卷）[M]．北京：人民出版社，2009：36.
② [英] 戴维·佩珀．生态社会主义：从深生态学到社会正义 [M]．刘颖译．济南：山东大学出版社，2012：450.

生态和资本主义这两个矛盾和对立的概念，试图在不变革资本主义制度的前提下，探索生态危机的非资本主义根源以及可持续发展的实现。①从实践探索看，生态资本主义既可以被理解为一种建设性的、非意识形态化的"现实政治"战略，也可以被理解为在现有资本主义制度框架内西方国家应对生态环境问题的渐进性解决思路与实践。如果说生态社会主义被视为生态运动内部的"红绿派"的话，那么生态资本主义就可以被视为"蓝绿派"。

萨卡在生态社会主义理论方面的重要贡献就是对"生态资本主义"的深刻独到的批判。在剖析苏联模式社会主义失败的生态原因的基础上，萨卡从分析资本主义经济的自然基础和逐个批驳"生态资本主义"的诸多理论和政策入手，明确指出所谓的"生态资本主义"实际上只是一个幻想和骗局。

一、生态资本主义的理论向度和实践向度

（一）生态资本主义的理论向度

在对世界性的生态危机考察的基础上，萨卡指出，"我们的目的应该是一个可持续的社会。这个目标包含了5个或更多的具体目标：经济必须是可持续的；严重的贫困必须得到克服/预防；所有有劳动能力的人都必须得到有意义的工作；必须为那些不能工作的年老体弱病患者提供社会保障；必须保证社会政治的平等并把经济的不平等降低到可以容忍的程度"，② 这就是萨卡常常提到的5个或更多的目标。萨卡急切地

---

① 蔡华杰. 论生态社会主义对生态资本主义的批判［J］. 延边大学学报（社会科学版），2013，46（1）：118－125.
② ［印］萨拉·萨卡. 生态社会主义还是生态资本主义［M］. 张淑兰译. 济南：山东大学出版社，2012：143.

表示，完成这一目标的任务已经非常迫切，没有太多的时间留给我们。

围绕这一任务，20 世纪六七十年代以来在欧美资本主义国家兴起了以经济技术手段革新为核心的"浅绿"运动，学界称其为"生态资本主义"。维基百科将"生态资本主义"界定为西方绿色运动与绿党政治的诸多战略之一，它通常被视为一种建设性的、非意识形态化的"现实政治"战略，是既存的经济政治权力结构及其支持系统和正在形成的关于生态系统价值共识之间的妥协。① 生态资本主义的基本理念是，具有自我更新性质的生态系统是人类财富的来源，是一种"自然资本"；任何干扰自然的活动是对价值的破坏而不是创造，都应该被禁止或压制；人类之间的竞争是不可避免的，而且还是促进社会经济发展的最有效形式。在现代民主政治体制和市场经济机制共同组成的资本主义制度架构下，一方面，生态资本主义作为一种温和的绿色政治理论，主张资本主义应接纳生态向度而不是主张激进的经济、社会、文化结构变革，力主资本主义制度的革新而不是替代；另一方面，生态资本主义注重实用和实效，致力于当代社会经济生产与生活方式的"生态性"改善，在促进环境改善和社会政策变革方面发挥着突出作用。需要指出的是，生态资本主义从不质疑和挑战资本主义的经济与政治制度，也拒绝从动机或道德意义上回应改善生态环境的行为，它所关注的是对破坏环境现实的切实改善而不是相关行动背后的动机。

（二）生态资本主义的实践向度

在当今的资本主义社会，面对十分严重且日益蔓延的生态环境污染，资本主义社会的大多数经济学家却还是相信经济增长，并且认为生

---

① 郇庆治. 21 世纪以来的西方生态资本主义理论［J］. 马克思主义与现实，2013
（2）：108 - 128.

态环境和工业经济之间没有根本性冲突。不仅如此，萨卡提到，一些人包括许多有声望的环境主义者，"甚至相信，生态措施能够为工业和贸易带来净经济利润"。萨卡提到了著名的布伦特兰报告，批判其以可持续发展为名公然号召"更加迅速的经济增长"。在萨卡看来，他们全都是错误的。

1. 时间视野——生态化市场力的局限

现代市场经济理论一般认为，在自由市场中，价格是由生产剩余的自愿交易决定的，没有外力干涉卖方之间或买方之间的竞争，政府的职能在于维护法律制度、保护财产权等最低限度的职能，市场不应受到政府的直接干预和调控，管得越少的政府就是越好的政府。在自由市场理论的影响下，普遍的商品化成为资本主义的主要特征之一。① 生态资本主义的拥护者也承认，资本主义根深蒂固的自私自利原则将环境保护成本"外在化"，结果是自由市场要为生态危机负更大的责任。但同时他们乐观地相信，资本主义市场经济内部可以利用的经济手段和机制特别是价格机制，是解决生态问题的最好方法，因为价格自发地向消费者和生产者发出信号从而影响他们的行为，这是"自由市场的典雅与美德"。

但是，正如萨卡谈到的那样，生态资本主义的规章并未能产生令人满意的效果，原因如下：一是因为环境保护需要经济花费和生活便利的牺牲，因而环境保护的规章很少有机会被真正遵守；二是即使完全遵守规章，实际结果也会由于拖延症而低于它的预期；三是因为个人享受损失与公共收益不成比例而导致规章与道德诉求在一起可能无效；四是因

---

① ［印］萨拉·萨卡. 当代资本主义危机的政治生态学批判［J］. 申森译. 国外理论动态，2013（2）：10－16.

为存在不受约束的"驾驶者"而使那些想诉诸道德的人失去动力。基于上述原因，生态资本主义的拥护者认为，人类只有从维护自己的经济利益出发，主要通过自由市场的价格机制来运作才能保护环境。有许多的经济手段可以实现他们的目的，萨卡将其概括为三种："①一直被外化的环境成本必须被内化；②污染者必须支付污染治理；③价格必须反映全部的成本事实。"① 为了说明问题，萨卡以激进的生态资本主义拥护者赫尔曼·莱斯特纳（Herman Laistner）为例做了描述，后者认为应该废除所有的税费、杂费、补贴和津贴，代之以对所有产品征收生态税费和杂费——即将防止或治理环境污染的成本内化到产品中去，这所有的费用应该由消费者支付。

　　如此的税收改革具有双重意义，一方面，由于生态税抬高了自然资源、环境服务和所有产品的价格，因而有利于资源的保存和有效的环境保护；另一方面，因为劳动力将变得便宜因而有助于扩大就业。但以厄内斯特·乌尔里希·冯·魏茨佐克为代表的其他生态资本主义的拥护者显然不同意莱斯特纳的观点，理由是生态税将导致新的"税收丛林"，而且国家无法控制自然资源消费和环境服务需求下降的程度。作为一种替代性政策，他们提议可买卖的许可（证）制度、损耗许可证和"可出售的生育许可证计划"。以污染物为例，他们的设想是，国家制定污染物年最大排放量，然后配给、出售或拍卖许可证给企业，释放量低于许可范围的企业可以出售剩余许可量，全国经济作为一个整体将从中获益。更为重要的是，随着国家把全国经济的许可排放量逐渐降低到非常低的水平，降低排放量的动力会相应地高涨，那些高排放量的技术和产

---

① ［印］萨拉·萨卡.当代资本主义危机的政治生态学批判［J］.申森译.国外理论动态，2013（2）：10-16.

品逐渐被淘汰出市场。至于通过生态税和出售或拍卖交易许可增加的额外收入，应该以某种形式返回到经济过程中去。生态资本主义的拥护者还看到，另外一种能够产生强大动力、促使企业采取反污染措施的经济手段，是增加它们对自身所造成的所有环境伤害应负的责任。

对于这种主张通过市场的作用推动生态化发展的理论，萨卡归结为"生态化市场力"。但萨卡指出了其理论中隐含的困境，他写道，"一般来说，市场经济的时间视野是非常有限的"，因为利润率的计算有严格的时间段，所以市场不能超过资本货物的分期偿还时间。对于投资决策者而言，他们的行为必须符合当前主流市场的竞争情形。萨卡转引了一家大型德国公司的高级管理人员的话，"工业企业不可能为后代而运转……我们现在必须为市场而生产，才能赚钱"。[①] 虽然生态资本主义的拥护者比较喜欢"生态—社会的市场经济"这个术语，但资本主义制度崇尚市场与价格机制的效率，其完全建立在自私自利的驱动力基础之上，更看重现在而不是将来的价值。"有一件事必须明确"，萨卡进一步说道，当自然资源、环境服务和所有产品被贴上价格标签出售、拍卖的时候，"我们必须注意到，对污染的收费也把环境服务转换成了商品，届时一个企业可以通过支付更高的费用来合法地污染更多的环境"，[②] 而且他们还理直气壮地说，事情就应该这样。可见，依靠市场中价格机制的作用不可能促进资本主义生态化的实现。

从经济全球化的形势出发，萨卡结合"资本主义是否可以被生态化"问题，做了如下分析：假设这一任务由资本主义的民族国家来实

① ［印］萨拉·萨卡. 生态社会主义还是生态资本主义［M］. 张淑兰译. 济南：山东大学出版社，2012：153.

② ［印］萨拉·萨卡. 生态社会主义还是生态资本主义［M］. 张淑兰译. 济南：山东大学出版社，2012：150－151.

现的话（这也是生态凯恩斯主义主张的），就必须反对市场逻辑，约束全球化，约束资本跨越边界的自由流动，"否则，任何一个民族国家争取实现可持续的发展都不可能成功"。但是，这种对全球化的遏制尤其会妨碍经济增长，我们不可能在限制世界市场的同时，却进一步取得经济增长。市场的全球化动力与民族国家的有限司法权限二者之间存在矛盾，这种矛盾是奉行凯恩斯主义的国家在 20 世纪 70 年代末未能克服经济停滞的主要原因。

2. 钱从何而来？——生态凯恩斯主义的困境

与提倡通过发挥自由市场作用解决生态环境问题的思路不同，生态凯恩斯主义并不认为依靠市场力量可以解决生态问题，更不用说与资本主义如影随形的失业问题。他们反对"污染者付费"的原则，指出增加市场作用的政策是无效的。鲁道夫·希克尔论证道，多种迹象表明唯有依靠国家力量才能偿还"我们的自然之债"，最终解决生态问题，其原因概括起来有以下几种情况：首先，污染许可交易只是转移了污染而并非污染总水平的下降，治标不治本，国家要做的是不断降低允许排放的污染总量；其次，为防止污染许可证被买断并囤积起来，需要国家出面构建关于污染许可交易的规章制度并监督检查；最后，针对受污染影响的特殊地区、生态友好的终端产品，需要国家出面制定特殊的规章制度来保护和刺激其革新。希克尔指出，最好直接地从政府方面组织实施环境保护，比如生态指令、规定限度、弹性收费等，而不是间接地通过市场的力量。①

为了偿还我们欠的大自然之债，萨卡认为可以用两种方式：较少生

---

① [印] 萨拉·萨卡. 生态社会主义还是生态资本主义 [M]. 张淑兰译. 济南：山东大学出版社，2012：152.

产和较低消费，这两种方式都不需要把钱返还到经济中去，但这并非是生态税拥护者所理解的意思。生态凯恩斯主义者主张，通过税收增加国家的收入，再将其用于环境治理和工业社会生态重建，并逐步加大投资力度。萨卡注意到，"第一个方面的想法很清楚"，通过加大环境产业投资比如修建污水处理厂，既能使河水变得清洁，同时又增加了就业机会。德国工会联合会曾要求政府到 1989 年为 54 个生态项目投资 500 亿马克，据说能创造几十万个工作机会。同时，国家还应该推动以对生态有效的新技术取代陈旧的技术，生产对生态友好的、使用寿命长的产品。生态工业不再是众多行业中的一个独立分支，而是任何一个行业中不可或缺的部分。但萨卡提出了一个看来简单又十分重要的问题——钱从何而来？

如果是在经济增长的基础上，这部分钱理所当然地来自经济增长。德国绿党政治家、德国前外交部长约希卡·菲舍尔（Joschka Fischer）明确提出，"生态重建的政治学依赖于大量金钱的动员，因此，需要有一个繁荣的经济和一个财政强大的国家，以便于两者都能投资于生态重建"。① 必要时，财政赤字也能部分解决资金投入的问题。但萨卡认为，菲舍尔及其追随者显然没有意识到这一问题蕴涵的困境，"所有这一切都是完全不现实的"，因为凯恩斯主义在世界范围内终将失败。

如前所述，萨卡认为资本主义国家处于重重危机之中，正在遭遇衰退，甚至那些只是低速增长的国家，也正在经受着普遍的国家财政危机，为此它们只能以穷人为代价来解决国家的财政危机，这明显是不可能把大量的资金用于环境保护的。鉴于这种困境，众多生态凯恩斯主义

---

① 转引自［印］萨拉·萨卡. 生态社会主义还是生态资本主义［M］. 张淑兰译. 济南：山东大学出版社，2012：168 – 169.

者有一个特别的愿望——国民经济将通过生态技术的出口而繁荣。当然，这里的前提是"本国"的科学家、工程师和技术人员拥有超级发达的大脑，从而能够抢占"高智能""高科技"市场，通过征服一个新市场来创造工作机会。萨卡批评说，他们如此盲目地渴望赚钱，但"没有意识到，这一政策的成功要求其他国家长久处于欠发达状态。但是，别人不可能一直保持着欠发达"。所以，"这种民族主义的政策是否能够实行，是一个有待争论的问题"。①

3. 稳态的资本主义之不可能

在西方许多生态学家中，存在着一种令萨卡感到非常奇怪的想法，认为在资本主义社会中，即使资源的消耗大幅度减少后，经济也能够继续增长，这就是学界所称的"稳态经济"或"稳态的资本主义"。对于这种经济形式，萨卡做了如下的描述：当资源消耗减少 10 倍、劳动力的生产力和资源的生产力达到最佳组合时，人类以比今天低得多的水平接近稳态经济。在这个转型期，经济不会增长，只会收缩。稳态资本主义是生态资本主义思潮中的一个重要组成部分，萨卡选取了比较有代表性的人物赫尔曼·戴利（Herman Daly）、伦纳·罗斯科（Rainer Loske）的相关观点进行了批判。

萨卡重点批判了赫尔曼·戴利的稳态经济学。赫尔曼·戴利是美国著名的生态经济学家，在其出版的《稳态经济学》《超越增长》等著作中，他提出可以在资本主义制度框架内建立一种稳态的经济模式，声称可以通过革命性科技手段变革，切断经济增长与资源消耗之间的联系，即用较少资源消耗生产更多的产品和服务。戴利的稳态经济需要满足三

---

① ［印］萨拉·萨卡. 生态社会主义还是生态资本主义［M］. 张淑兰译. 济南：山东大学出版社，2012：169－170.

点要求：持衡的人口数量、持衡的人造资本数量、人口数量和物质资本的持衡水平足以保证人们的较好的生活可延续。① 为了达成这一目标，萨卡将戴利的稳态经济思想归结为"创建三个制度"：可转让的出生证以稳定人口规模、可转让的损耗配额以稳定资本和产品数量、国家规定的个人收入和财富的限度。按照戴利的想法，稳态经济追求的是配额带来的宏观稳定性和市场带来的微观可变性，前者在最低限度牺牲个人自由的前提下可以借助于国家（社会）控制实现，以价格机制和私有权为基础的市场规律能够保证出生证和损耗配额得到有效分配。

萨卡并不看好这些想法，批评说这些美丽的字眼只不过是对市场经济的标准辩护，是"不可信"的。萨卡的理由如下：其一，从历史上看，市场通过保持企业家之间的竞争刺激经济增长，它不会强迫企业家去关注社会目标及其所属公民的福利。戴利的稳态经济已经背离了增长的范式，市场经济是不可能正常发挥作用的。其二，无论是戴利将市场隐喻成"自动飞行器"还是"一种语言及其语法"都是"放错地方了"，容易引起误解，萨卡赞同亚当·斯密的神奇的"看不见的手"的隐喻。萨卡特别指出，资本主义拥护者自己明白，市场的效率和优越性归结于买方市场的存在，但在经济收缩的情形下，幸存的企业家将享有卖方市场，由此导致公民的消费基金膨胀。进一步，卖方市场的存在，决定了即使无效的公司的质量低劣的产品和服务也能找到买主，但这时通货膨胀就会发生，从而使国家干预、可能的价格控制和/或配给就成为必需。

戴利的稳态经济有一个重要的"设计原则"，即在环境的实际负载量和最大承载量之间维持一个"相当大的剩余空间"。但戴利主张的建

---

① 李佳阳. 赫尔曼·戴利稳态经济思想探析［D］. 北京：北京林业大学，2012.

立在可再生资源基础上的、趋于收缩或低水平的稳态经济，如何才能保持必需的剩余空间呢？作为一个现实主义者，戴利的对策是"我们的控制将不得不更加严厉、精心调整和微观取向"。为此，戴利和其他人提出了两条假定：一是人口数量和物质损耗率从目前的水平逐渐减少，并且期望人口的下降速度最好快于经济的收缩速度；二是假定富人由于不能超过收入和财富的上限而放弃的机会将为那些较不富裕的人获得，后者将向社会缴纳"增加的收入"以保障最低收入，同时企业家无论在收缩的经济还是稳态的经济中都能继续创造利润，可谓一举三得。关于"剩余空间"，萨卡认为这个原则是正确的，苏联的失败就在于在生产目标和资源流动之间缺乏足够的剩余空间。但人口统计学理论告诉我们，仅仅把人口增长停止下来都是一个如此困难和漫长的过程，更何谈人口下降的速度快于经济收缩的速度。至于"收入增加机会"的公平分配，萨卡表示自己"很难苟同"。所以，如果按照戴利提出的严厉精心调整的对策，其结果只能是"一个自由的市场经济将不会有生存和发展机会！取而代之的将是无所不包的计划"。[①]

萨卡写道，按照戴利稳态经济的设想，一开始是材料和能源的消耗逐步而大量地减少，作为一种连锁反应，整个社会的经济就会发生衰退，现有工厂、机器和工人的相当大一部分会变成永久性多余，这就是延迟不去的、日益严重的经济危机。如果在经济增长的范式下，资本家可以有充足的时间自我调整来适应这一变化，可能获得较高的利润。但戴利主张的稳态经济采取的是收缩的政策，在这种情况下，金融意义上的大量资本被毁灭而得不到再投资，甚至大部分资本不可能被消耗完，

---

① ［印］萨拉·萨卡. 生态社会主义还是生态资本主义 ［M］. 张淑兰译. 济南：山东大学出版社，2012：172.

企业家也无法让自己适应这种变化。结果，资本家不能再去创造利润、资本主义的市场经济无法继续运转，资本主义社会无法克服未来危机，社会混乱和崩溃不可避免。20 世纪 90 年代中期以来，俄罗斯无处不在的腐败和司空见惯的犯罪就是明证。

此外，萨卡还批判了厄恩斯特·魏茨佐克和生态税的拥护者伦纳·罗斯科关于稳态经济的主张。魏茨佐克幻想通过出租而不是销售机器，将工业降到第三位，或借助于效率革命实现"通过少卖来赚得更多"，他列举了德国的陶氏（Dow）化学制品公司和美国大型电力公司的例子来证明自己的理论。萨卡坦承这些特殊的案例是令人信服的，但魏茨佐克是从特殊的案例得出了一般的结论，实际情况是一名企业家的销售和利润只能以另一家企业的销售和利润为代价。信奉生态税的罗斯科认为，"非物质化"① 有利于服务部门，经济的"非物质化"过程将启动一个减少国际依赖并停止全球化发展的进程，因为在他看来，德国不仅是唯一高度工业化的国家，而且德国的科学家、工程师和技术人员都具有超级能力的大脑，因而能够在世界市场上销售更多的专利、设计图而不会遇到激烈的竞争。萨卡问道，这种假定的合理程度有多少呢？"非物质"产品和生产这类产品需要的技术已经存在了吗？可见，萨卡认为罗斯科的关键是无法令人信服的。

为了维持稳态经济长期发展，需要在环境的保护、治理和修复方面投入大量的资金，而这些资金可能的来源要么是经济增长，要么是通过削减国家福利来支付，前者明显是与稳态经济的初衷相违背的，而后者必然损害穷人的利益。然而，当对自然资源的开发达到其极限时，零和

---

① 著者注：西方有些生态学家认为，环境保护的总政策应该是增加资源的生产，同时降低资源的消耗，这被称作"非物质化"。

博弈便开始了，所以，无限的 GDP 增长和经济繁荣是完全不可能的。

二、对生态资本主义的幻象的揭示

自 2007 年起，蔓延整个资本主义世界的经济危机逐渐演变成一种系统性的危机，萨卡对其的定义为"资本主义本身的危机"。政治家们，甚至非共产主义者也开始质疑应对这场危机所做努力的有效性，开始认真思索能否在资本主义的框架内化解这场危机。不出意料地，"生态改良""可持续的资本主义""资本主义生态文明"等论调再一次甚嚣尘上。面对新的形势，我们不妨来看看早在 20 世纪末萨卡的尖锐批判。萨卡指出，任何"生态资本主义"理论都立于两个不切实际的幻想："一个非常普遍的幻想是：科学与技术的进一步发展以及科技的进一步强化应用，将使人类能够克服生态危机，在拯救工业社会的同时使南方国家得到可持续发展。……另一个普遍的幻想是：一些局部性经济改革，如污染许可证、生态税改革等，将会使今天的资本主义转变成生态资本主义。"① 因此，在萨卡看来，生态资本主义只是诞生于当代世界的一个诳语，是不可能实现的幻想，是一厢情愿式的骗局，无论在理论上还是实践上都是难以奏效的。

（一）资本主义增长的逻辑

几乎所有的生态资本主义拥护者相信，工业经济的生态现代化将促进增长，而且还是可持续的增长。对此，萨卡指出，一种可持续的经济，必须是有效率的，不允许浪费。然而，连当今资本主义的崇拜者也不得不承认，在环境和资源的利用效率方面，资本主义普遍存在着效率

---

① [印]萨拉·萨卡.生态社会主义还是生态资本主义［M］.张淑兰译.济南：山东大学出版社，2012：3.

赤字，而且这一赤字必须被消除。显然，立足于现实的市场与具有强烈未来主义向度的环境保护是不相容的。所以，要想把完美无缺的生态世界留传给子孙后代，市场价格机制对此肯定是无能为力的。萨卡的观点是，国家、社会或社区必须从道德考量的视角来关心这一目标，其他的都是无效的。遗憾的是，在资本主义社会中，自私自利与为了他人是根本矛盾的，生态资本主义的拥护者即使不得不谈到道德的作用时，也承认道德只能发挥次要作用，其上限是遵守国家法律和游戏规则。

　　萨卡谈到，"对生态资本主义的批评的一个方面已经发生了根本的改变。我们不再批评资本主义从根本上束缚生产力。相反，今天的批评是资本主义已经很发达了，并且还在继续扩展，以至于引起了包括人类在内的许多生命的自然条件的严重退化"。① 在资本主义社会中，无效的最明显证据就是大范围的失业。失业现象总是与资本主义制度相伴随，失业者可能尽管没有遭受饥饿的痛苦，但并不能证明资本主义是有效的。究其原因，是因为"资本主义经济具有一种内在的增长动力"，这种双重存在的利润最大化的内在动力和激烈竞争的外在压力，驱使企业家努力发明和/或引进"更好"的技术，否则将面临破产的威胁。这就导致了资本主义社会中长期存在着一种趋势——用自动化机械和计算机取代劳动力。这样做的好处是如此之多，劳动生产率的提高、竞争的优势、社会的繁荣，当然，还有大范围长期的失业。但企业家们根本不担心工人失业，因为维持失业者和穷人的生存费用成本在很大程度上是以"社会福利"的形式由整个社会来支付的，而用机器取代劳动者的好处却完全被个体生产企业所攫取。明显的结果是，在解决失业问题方

---

① ［印］萨拉·萨卡. 生态社会主义还是生态资本主义［M］. 张淑兰译. 济南：山东大学出版社，2012：156.

面，资本主义明显严重"无力"，一方面因为内在增长的动力使失业问题不能根本解决，另一方面因为资产阶级从失业大军中"有利可图"而不愿根本解决。而在失业者看来，自身的工作能力处于无用的状态，自己是依靠别人的工作生活和存在，却又拿不出任何东西回报，他们痛恨这种"既不合理又无效"的制度。除此之外，在号称"效率与理性"的资本主义体制中，产品积压、过度包装、内在的陈旧性等资源浪费、无效的现象比比皆是。

但生态资本主义拥护者争辩说，不能通过一些无效和浪费的现象就驳斥一种体制的逻辑，如果这种体制不是基本上一直有效，西方资本主义社会就不可能取得几乎是连续不断的宏观经济增长与繁荣。萨卡的解释是，当我们进行体制的比较时，必须从宏观经济学的视角，寻求整个经济的无效/有效程度，而不能局限于一个个体公司。对生态学家来说，宏观经济学更为相关。

关于资本主义的经济增长，萨卡将其原因归结为三个方面：首先，资本主义社会存在着增长的"内在动力"，即资本家不会满足于赚取足够的生活费而是希望赚得更多。其次，为了前一个目标，资本家会将利润的较大部分用于扩大生产规模。最后，资本主义社会存在着增长的"外在压力"，即优胜劣汰的生存法则驱使每一个资本家不断扩大经济规模，否则他/她就会被挤出商业圈。经济增长和资本的投资是紧密结合在一起的，所以，随着所有人都在努力扩张，整个社会的经济自然也就会扩张。

但是，"资本主义的最大缺点是它的增长动力，这也是导致资本主义同可持续性之间的矛盾难以克服的原因"。① 因为，萨卡总结道，在经济增长拥护者的观念里，存在着主要表现为三种幻想的错误观念：一是否认资源短缺问题。早期的一些经济学家认为资源都是可再生的，另有些人相信稀有原材料可以被储量丰富的物质替代。从 20 世纪 80 年代起，经济增长的拥护者改变了论调，提出借助于科技的发展可以在减少资源消耗的情况下维持经济增长和生活水平不降低。二是夸大了科技的作用，天真地认为只要投入足够的资源发展科技，污染问题就能解决。三是想当然认为经济增长、科技进步、可持续发展等目标可以在资本主义制度的框架内实现。

换个角度说，资本主义的经济增长源于其根深蒂固的经济理性，"资本主义经济理性的目的是追求效率最大化。而效率最大化是靠单位数量的固定资本和流动资本所带来的剩余价值来计算的"。② 无论是过去还是现在，在资本主义社会里，竞争是社会的第一信条，它以劳动生产率和利润最大化为目的，资本无所不包的价格服务体系囊括了教育、劳动、个人和集体的消费等一切社会因素，尽可能地把经济理性的统治扩充到生活和劳动的所有领域。早在《资本论》中，马克思就对这种奉行最大化原则的经济逻辑给予了淋漓尽致的揭示与批评，马克思写道："资本来到世间，从头到脚，每个毛孔都滴着血和肮脏的东西。"③ 可见，在资本主义增长律令的支配下，"生态理性"是绝对不可能实现的。

不仅如此，资本主义经济发展还遭到了外在的、不可超越的自然资

① 萨拉·萨卡，布鲁诺·科恩. 生态社会主义还是野蛮堕落？——一种对资本主义的新批判［J］. 陈慧，林震译. 马克思主义与现实，2011（3）：145－153.
② André Gorz. *Capitalism · Socialism · Ecology*［M］. London：Verso，1994：p.76.
③ 马克思恩格斯选集（第 2 卷）［M］. 北京：人民出版社，2012：p.297.

源稀缺性的阻击。正如安德烈·高兹在《资本主义，社会主义，生态》中指出的那样，自然界的各种资源是有限的，生态环境的制约必然加剧资本主义的经济危机或加速它的到来。具体分为两种情况：一是资本主义扩大再生产过程中，原来充足的、免费的空气、水和土地变得日益稀少，而现在空气、水的净化、废气和污水的处理都要纳入经济核算中去，资本主义生产力的提高遭遇到生态环境的限制。二是矿产的开采成本势必越来越高，由此导致原料价格和相关产品价格的暴涨。而要发现新的能源，就更离不开大量的投资。这样，资本主义经济理性导致的矛盾现象出现了：工业消费大于生产，生产过程中的环境成本和自然资源成本大大增加。"如果仍像以往那样生活，我们的世界将结束，海洋、大河将因污染而贫瘠，土地不再肥沃，城市中空气污浊，人们不能呼吸。"①

（二）范式转换及其虚幻性

萨卡引用了托马斯·库恩（Thomas Kuhn）在《科学革命的结构》这本书中提到的关键概念——范式，认为范式往往决定和指导着整个的思维模式，而且范式的转换是革命性的，比如从地心说范式向日心说范式的转变必然会影响到宗教、哲学和道德规范，进而对整个人类的思维模式产生革命性影响。经济是人类社会一切事物的基础，所以决定经济活动方向的范式将在最广泛的社会人类学意义上对政治和文化产生影响。

萨卡指出，在经济领域内，以前和现在占据支配地位的范式仍然是发展/增长的范式，主要包括发展范式和可持续发展范式，前者强调人

---

① André Gorz. *Ecology As Politics*［M］. London：South End Press，1980：p. 12.

类对自然的无限征服，发展前景是高科技的超工业社会；后者强调均衡生产力的发展和自然环境的保护，目标是建立一个生态化的"后工业社会"或生态现代化的社会。萨卡的判断是：这两种范式对于未来的想象已经过时，都无法满足解决当前问题的需要，而增长极限的范式"比任何其他的范式能对更多的观察现象提供基本解读"，① 它既能够对苏联和东欧的社会主义崩溃提供更加令人信服的分析，也能够更好地解释绝大多数的南方国家在经济发展方面追赶北方国家为什么失败。显然，在经济政策的所有领域内开展的"一场激烈的、可能是 U 形的变革成为必需"，"需要我们进行一种范式的根本转变，也就是从目前盛行的'增长范式'转变到笔者所称的'增长极限范式'"。②适应萨卡所说的"范式的转换"，主张生态化资本主义的理论家提出了如前所述的理论主张，但在萨卡看来，这些举措都是难以奏效的。

　　萨卡首先对经济社会发展必需的自然资源基础做了幻想和现实的双重分析。根据已有材料，我们知道不可再生资源的储量是有限的，即使是已探明的储量，由于受到"收益递减法则"的制约，对其开采的利润率也在不断下跌，从而迫使人们将维持经济社会可持续发展的希望寄托在可再生资源上。然而，萨卡认为这是一种幻想。他首先考察了世人熟知的太阳能、风能和水力发电，三者不仅是可再生的而且数量巨大。对于太阳能和风能，人们曾经抱有很大的希望，因为二者看起来都是可以重复使用且可大量获得的，人类每天仅从太阳中获得的能量是当今世界能源消耗的 15000 倍。但萨卡指出，由于能源投资报酬率极低，因此

① ［印］萨拉·萨卡. 生态社会主义还是生态资本主义［M］. 张淑兰译. 济南：山东大学出版社，2012：18.
② ［印］萨拉·萨卡. 申森译. 生态资本主义的幻象［J］. 鄱阳湖学刊，2014（1）：5－11.

需要政府的投资才能维持而且花费巨大，更为严重的是"这些补贴来自经济整体收入，而其中的大部分是由化石燃料支撑的……这意味着，可更新能源技术是不可靠的，它们的存在以化石燃料的可获得性为前提"，①而且后者的成本价格也在不断攀升。所以，萨卡认为太阳能和风能的能量平衡是负的，现在依然不能与传统的、排放二氧化碳的化石燃料开展商业竞争。关于水力发电，萨卡肯定它是廉价的而且其能量平衡也非常高，但水力发电最严重的问题是水库的淤塞，这是至今技术无法解决的难题。这意味着，从技术角度看，可再生能源技术至少从目前来看是不可靠的，它们不仅现在而且将来也很难离开财政补贴，它们的存在是以化石燃料为前提的。

还有一种可再生能源萨卡将其称为"生物质"（Bio-mass），主要包括燃料和农林业残余。萨卡指出这种生物燃料的巨大劣势在于需要大量肥沃的土地，从而招致耕地的大量占用或热带雨林的大面积破坏，前者关系到人类的粮食安全问题，后者则是吸收二氧化碳的重要系统和维持生物多样性的最大场所。而且，萨卡指明生物质也必须依赖财政补贴，所以他怀疑从生物燃料中获得的净能源是不是正的。萨卡谈到，大多数环境活动家忽视了一个重要方面，即只要经济在整体上保持继续增长，资源的生产率在某些特殊点上的提高便毫无用处的。而且，即使经济零增长，不可再生资源早晚也会被耗尽。

既然可再生能源不能满足社会可持续发展的愿望，再加上灾难性的气候变化带来的威胁，人们把目光投向了曾经遭到激烈反对的原子能即核能。萨卡指出：即使人们接受了核裂变能的风险，但原材料铀-235

---

① ［印］萨卡·萨卡. 郇庆治译. 结论 生态社会主义的前景［M］//郇庆治. 重建现代文明的根基——生态社会主义研究. 北京：北京大学出版社，2010：288-300.

是一种不可再生资源。依据专家的估计，全世界铀矿石最多可以再使用60年，而世界核联合会（WNA）的统计表明铀的可获得性正在日益降低，随之而来的必然是铀的价格的急剧攀升。即使不考虑这些因素，萨卡强调说，核能的成本"只是表明上便宜"，因为运营者只计算了运作成本却忽视了科研与发展、工厂自动化、废料处理、安全保障等成本。根据最新的报告，在热核能应用到经济发展之前，需要再经过一个50年的研究和试验，这需要上百亿美元的投入。核能所涉及的费用是如此昂贵，以至于像德国、法国这些富裕的发达国家都宣传停止建设国际高热原子核的实验反应堆，美国也削减了三分之一的核聚变研究计划。所有这些信息表明，即使热核能真的可以利用的时候，它也不可能是便宜的。

由于这些现存问题暂时无法解决，"能源工业中顽固的现实主义者正在考虑"依然相对丰富和便宜的煤炭资源，幻想通过气化和液化的技术来解决能源和全球变暖的难题。但是，煤炭在燃烧过程中排放的二氧化碳是目前要解决的难题。萨卡估计，正在研究和实验的碳捕捉和储存技术是"不太确定的"，因为到目前为止还未发现由能够吸收二氧化碳的岩石所构成的洞穴，况且这些洞穴能够被封闭。

当前，支持技术的效率革命的人正努力提高资源的生产力，通俗地说就是降低每单位资源/服务的物质强度，同时还可以保护环境，他们似乎相信技术进步的潜力是无限的。萨卡对此的评价是，"这是一种幻想"，我们不应该散布幻想。因为，在萨卡看来，"任何技术都有一个最佳的效率点。物理学、化学、生物学和热动力学的规律，都不能违

背"。① 目前工业高度发达国家的高水平劳动生产率之所以可能，主要
是因为劳动者的被机器和化石燃料能源所取代，是通过非常高的资源消
耗实现的。当劳动力强度和资源密集度达到最佳组合后，一种生产力的
提高只能以另一种生产力为代价。例如，虽然使用气锤的工人的劳动生
产力比使用普通锤的工人高，但气锤无论在生产阶段还是使用阶段都需
要很高的物质和能源投入，所以气锤的资源生产力比普通锤的还要低。
就技术性的环境保护而言，在技术的初始阶段，可以通过技术的进一步
发展降低每单位产品的污染，但当接近最恰当的某一点，即技术成熟
时，此后生产的提高至少会伴随着一定比例的污染的增加，这时只能依
靠更多的过滤器和其他设备。"环境保护因此成为一项固定的工业，在
其他的地方引起更多的资源消耗和更多的污染。"② 萨卡引用了 20 世纪
80 年代中期前发表的几份研究报告证实，虽然技术在发展，但"资本
和能源的生产力"都处于下降状态，而且没有发现这一趋势能够在将
来扭转，而技术性的环境保护只是把污染问题转移了，而且"只是达
到一般的、局部的和有限的转移"。

至此，萨卡对能源问题表明了自己的观点，可以简单总结如下：工
业经济发展所需的金属和其他原料，都是"不可再生和易枯竭的"（现
阶段不存在理想的可再生资源来解决不可再生资源的短缺问题），由于
其提取成本也在上升，所以该过程会造成更严重的环境损害。就循环利
用而言，萨卡认为人们抱有太多根本不现实的希望。环境主义者经常谈
到"垃圾是放错位置的资源"，安德烈·高兹也希望"全部的"原材料

---

① ［印］萨拉·萨卡. 生态社会主义还是生态资本主义［M］. 张淑兰译. 济南：山东
大学出版社，2012：141.
② ［印］萨拉·萨卡. 生态社会主义还是生态资本主义［M］. 张淑兰译. 济南：山东
大学出版社，2012：121.

都能够进行回收和再利用。萨卡指出循环利用不仅是困难的而且也是有极限的。再循环利用的困难来自两个方面的愿意，一是耗散是不可避免的后果，根据"热力学的第四条法则"，在经济过程的开始和再循环利用阶段，原料都会耗散。例如 20 世纪 90 年代，即使在再循环率相对较高的德国，铝的再循环使用率几乎为零，塑料只有 8.6%；二是再循环利用需要资金，除非再循环利用比今天还便宜，否则，只要这件事情交由资本主义的市场运作，情况就不会改善。在再循环利用问题上，萨卡认为"核心问题在于自然的法则，或者说熵定律"，[①] 原料的再循环使用率，取决于价格、替代品的价格、能源、设备、基本的工资率、技术发展道等等，这些因素的综合作用会使原料在使用价值已尽的时候没有必要/不可能回收。所以，萨卡的看法是能源根本无法循环利用，即便是可以重复利用的部分，也是逐渐衰减最后归于消失。

在上述幻想——破灭后，生态资本主义的拥护者发现既然经济增长的道路是走不通的，那就反其道而行之，采取经济收缩的措施。萨卡引用了气象学家们达成的一个共识：要把全球变暖维持在一个可以接受的水平，工业化国家的温室气体排放必须在现有水平上减少 60% ~ 80%。而在德国，某些科学家甚至提出，为了保护稀缺资源与减少污染，工业化国家的资源消耗要减少到目前水平的 10%。一旦真的这样做，将意味着一种经济萎缩。我们不可能在资源消耗高幅度减少的同时，还能实现经济增长和维持繁荣。[②] 所以，迫于生态的外部压力，资本主义也提倡"环境保护"，也要构建"生态现代化"，出现了形形色色的"生态

---

① ［印］萨拉·萨卡，申森译. 生态资本主义的幻象［J］. 鄱阳湖学刊，2014（1）：5 - 11.

② ［印］萨拉·萨卡. 资本主义还是生态社会主义——可持续社会的路径选择［J］. 郇庆治译. 绿叶，2008（6）：44 - 47.

资本主义"。但实际情况是，由于资本家认为生产与生活的自然基础的再生产可以通过工业的方式实现，所以他们倡导将生态现代化发展成可以盈利的生态工业、生态农业和生态商业。这实质上是在经济理性的蛊惑下，把环境保护也纳入利润的名利场中来，把自然资源商品化，通过生态商业来获取利润，其结果只能是进一步破坏生活的自然基础，使生态现代化充满虚伪和危险，加剧资本主义社会普遍存在的"马太效应"。

在萨卡看来，假设人们准备接受人类文明范式的转化，必须抛弃当前主导性的经济理论，当然这会直接或间接地给整个人类生活的各个方面带来不良影响。但如前所述，由于资本主义内在增长的逻辑，决定了生态资本主义的拥护者提出的解决生态问题的措施依然是在发展范式或可持续发展范式里思考问题。比如，萨卡考察了在生态资本主义拥护者中最流行的经济手段——生态税政策改革，发现即使是进步的资本家也不会为了环境违背资本主义的法则和/或生产和消费的工业模式，这种希望是建立在天真的想象基础之上，经济收缩战略在资本主义的框架内是无法实现的。

第三节　生态资本主义价值观念的内在矛盾

在前文中，萨卡多次对生态资本主义的理论和对策的摇摆不定提出了严厉的批判，究其原因，在于生态资本主义拥护者的"作品里充满了内在的矛盾，作品之间也互相矛盾"。① 萨卡发现这些矛盾基本集中在国家和平等层面，可以统称为伦理、道德和价值观念理论上的内在矛盾，主要包括以下三个方面。

一、市场：自主还是被驯化

在生态资本主义拥护者的视野中，市场效率的神话以及对人类自由的追求取决于市场自由这一错误观念是如此的根深蒂固。罗斯科等人说，生态的结构调整只有在运转良好的市场经济中才有可能。戴利也强调市场经济带来的微观可变性，以保证配额能够得到有效分配，他指出微观的范围包括不确定性、新奇的事物和自由等，在这一领域市场可以发挥其自发协调、调整和变化的能力。他们一致的观点是，迄今为止，市场在生态化发展方面一直受到"阻挠"。

但是，令萨卡不解的是，大多数生态资本主义的拥护者却又说，为了市场生态化，就必须"驯化"它，使其在国家提供的基本的法制经济的框架内活动。魏茨佐克提出，出于经济的考虑，要免除企业的生态能源税，德国绿党执政后也是这样做的。罗斯科等人主张，出于政治和社会的原因，在公开讨论的前提下可以在某一地区或特定行业调整结构，因为那严重影响就业。甚至，他们还要求由国家出面设置关税障碍或实行补偿性的进口关税，用以保护民族工业。萨卡认为这一设想是不可能实现的：首先，一个国家不可能得知其他国家投入了多少能源和原料；其次，世界贸易组织不允许一个国家对能源和原料设置保护性的关税壁垒；最后，由于不可预料的种种原因，能源和原料是不能被命

---

① ［印］萨拉·萨卡. 生态社会主义还是生态资本主义［M］. 张淑兰译. 济南：山东大学出版社，2012：176.

令的。

关于国家如何给市场制定"框架",生态资本主义的拥护者纷纷献言献策。从稳态经济的目标出发,戴利提议损耗配额必须应用在美国本土和进口的能源和原料上,而且他建议引入"定量"概念,即国家必须确保没有一个实体能够拥有超过既定资源中 $x\%$ 的配额权,或超过其所属的工业部门所拥有资源的 $y\%$,以此捍卫自由市场和竞争。罗斯科、雅各布等人希望由国家而不是市场或公司来"确定目标""准确安排"。萨卡基本赞同上述提议,认为在工业国家中施行上述国家行动"都是实现我们目标所绝对必需的"。但是这样的做法类似于计划,而从逻辑上讲,达到稳定状态的最好方式就是建立垄断。按照他们的逻辑发展下去,整个社会就会变成一个巨型的垄断,经济增长不复存在,正如安德鲁·麦克拉夫林所说,"这样的社会已不再是资本主义的"。最后,萨卡问道:"你如何能够同时做到,既让市场自主发展,又驾驭它呢?"①

二、平等或不平等

大幅度降低自然资源的消耗,是社会生态化建设的重要路径,也是大多数生态资本主义的拥护者支持的。为此,就需要技术、文明发展等方面的巨大变革。萨卡指出,改变后的未来社会类型在很大程度上取决于平等和不平等的程度。其他人的观点印证了萨卡论断的正确性,比如魏茨佐克、罗斯科等人谈到的"分配正义""社会公平"等。

在谈到南北国家之间环境资源的分配时,平等的原则明显得到了普

① [印]萨拉·萨卡.生态社会主义还是生态资本主义[M].张淑兰译.济南:山东大学出版社,2012:178.

遍的认可。大多数主张生态资本主义的人要求北方国家大幅减少对自然资源的消耗，以帮助南方国家提高其生活水平。例如，他们认为一个国家应该享有的环境空间应该和这个国家的总人口成正比，魏茨佐克甚至要求他所主张的"新经济模式"应该扩展到世界各地。

但是，令萨卡感到非常奇怪的是，上面提到的作者在南北之间的分配问题上是严格的平等主义，却拒绝把同样严格的平等原则应用于他们自己国家的内部分配。在资本主义社会内部，逐步拉大的收入差距因为"不是什么新生事物"被普遍接受，消费能力的差异也不是新的现象，富人凭借较高的收入而享有更多的环境空间。生态资本主义的拥护者坦然地说，只要最低收入者的生活能够得到保障，其余的就交给自由市场来处理。萨卡认为这是一种错误的做法：如果是在经济增长的年代，社会福利制度能够保障低收入者的生产甚至改善，社会秩序就不会有什么问题；但是，在长期经济收缩阶段，社会福利的大幅削减和将穷人的应得收入用于环境保护，势必会引起较低社会阶层不再保持安宁，这时需要的是独裁甚至是法西斯的管制，这就是一种危险的现象了。

所以，萨卡的结论是，在增长极限的范式下，无论在一个国家内部还是在南北关系上，真正的平等都不能够实现，因为"自私自利和贪婪，它们与平等的理性，甚至是限制不平等的理想，完全不兼容"。①戴利天真地认为，当一个人每年的收入超过 10 万美元时，赚取更多的钱就没有真正的功能性缘由，这时平等就会实现。但他忘记了，萨卡批判说，资产阶级投资和冒险的强大驱动力是对金钱、权力和地位的无限贪婪，而不是仅仅满足自己的生活消费，这种动力是任何类型的资本主

---

① ［印］萨拉·萨卡. 生态社会主义还是生态资本主义［M］. 张淑兰译. 济南：山东大学出版社，2012：180.

义运转的真正原因。在实际生活中，资产阶级及其同伙也不相信资本主义制度对于整个社会和自然界是最有效、最好的制度，但这一制度确实能最好地服务于他们的利益。所以，出于对无限不平等的功能性辩护，他们甚至反对生态资本主义。

三、竞争或合作

为了实现资本主义生态化的目标，魏茨佐克、罗斯科等人提出了不同的目标和设计，但萨卡发现，他们对于能否在资本主义框架内实现自己的目标心存疑虑，主要表现为对能否克服强大的市场经济表示忧虑。魏茨佐克虽然肯定生态资本主义会导致效率进步和经济萎缩，但他也感受到来自资本主义体制内部的威胁，资本家和政客以竞争为借口来威胁废除社会环境政策，并毁掉工作机会。同样，世界范围内的战争冲突和其他所有的非理性行为，无不是在经济竞争的残酷压力下发生的。罗斯科也表达了类似的担心，他不知道市场经济能否与可持续发展真正兼容，也不知道市场经济的竞争体制能否被克服，所以社会面临着两难选择，要么根本改变市场经济体制，要么放弃可持续发展。

作为结论，这些生态资本主义的拥护者认为，造成这一悲剧的根源就是对市场及竞争的迷信，市场经济成为社会的"神牛"。但他们并没有因此就放弃竞争和市场，因为在他们看来，自由市场也能够有助于传播对生态友好的方法和技术，所以他们希望"驯化"它。他们认为，首先对自由贸易要有一个明确的诊断：从短期看，自由贸易明显有利于资本，在另外某些地方，必须从伦理—政治—生态的角度，以"必需的道德框架"限制竞争。① 对于自己的三种制度的实现，戴利指出最重要的是道德前提，道德的提高是必需的，制度的变革则相对次要。罗斯科也极大地弱化了市场的立场，建议必须有一个价值决定，由此才可能最佳地实现人类正确的目标。为此，罗斯科还赞成合作，认为合作和竞争之间没有矛盾。

对于他们向伦理支持的转向，萨卡首先肯定是非常正确的。但他指出，这些作者们都忽视了资本主义制度的一种内在矛盾——竞争是市场的逻辑和不可避免的趋势，所以他们一方面鼓励强化市场竞争力，另一方面又限制资本的活动范围。至于罗斯科所赞同的合作，更是将同一工业不同部门公司之间的合作和部门公司之间的合作混为一谈，这是与资本主义的现实不相符的。

关于资本主义制度的根基——私人所有权，戴利论证说它和道德的增长之间并没有矛盾，他采纳了约翰·洛克的观点：应该通过个人的努力来获得所有权，继承和横财都缺乏对个人努力奖赏的本质。进一步，戴利认为如果将财富的不平等限制在一个合理的范围内，形成一个"道德边界"，那么在这个边界内，生态经济是可以存在的。萨卡对此的评价是"可以容忍，但并不是正当的"，因为戴利并没有看到这种私人所有权不只是一种抵制剥削的壁垒，更是一种剥削他人、赚更多钱的工具。但"戴利的稳态经济，或任何形式的道德经济，将一定会成为或变成社会主义（或半社会主义）的稳态经济。在这样的一个稳态经济中，允许个人通过自身的努力，或与同伴的共同努力（合作），启动和运作一项生意，但不允许任何人通过雇佣劳动力来赚取利润或获得个

---

① ［印］萨拉·萨卡. 生态社会主义还是生态资本主义［M］. 张淑兰译. 济南：山东大学出版社，2012：183.

人所有权"。① 在这里，萨卡对戴利的稳态经济做了高度评价，同时未来社会主义稳态经济进行了展望。当然，萨卡强调，二者之间存在一个转型过程，这时国家来保证组织"一个有计划的撤退"，唯有如此，才可能消化资本带来的消极影响，防止大规模失业，从而避免社会和经济陷入混乱。

但很明显的是，萨卡认为资本主义的本质定会阻挠环境危机的解决。因为，真正的生态资本主义获得成功的基本条件是道德的提高、合乎伦理的行为与合作，而任何类型的资本主义都是不可能满足这些条件的，因为它们与资本主义的本质相矛盾。如此看来，虽然在实践层面上"生态资本主义"有着广泛的政治信奉与支持者，② 但任何形态的生态资本主义从不质疑和挑战市场经济的主体地位和民主政治的虚伪性，更不会接受环境保护行为在动机或道德层面的追问，所以他们主张的是让生态成为资本主义制度的一部分而不是生态掌控资本。生态资本主义的这些特点在"激进"的萨卡看来肯定是难以克服的和不可容忍的，所以他发出了"生态资本主义：能奏效吗？"的疑问。萨卡"反对生态资本主义，不仅因为其无法运转，还主要是因为资本主义所代表的价值观：剥削、残酷竞争、崇拜财富、利润和贪婪的动机"。③ 他的明确结论是，只有根本性变革的方案才能解决工业资本主义社会的最根本危机。

1989 年欧洲"社会主义"的崩溃，随之资本主义取得胜利的欢呼

---

① ［印］萨拉·萨卡. 生态社会主义还是生态资本主义［M］. 张淑兰译. 济南：山东大学出版社，2012：186.

② 郇庆治. 21 世纪以来的西方生态资本主义理论［J］. 马克思主义与现实，2013（2）：108 – 128.

③ ［印］萨拉·萨卡. 生态社会主义还是生态资本主义［M］. 张淑兰译. 济南：山东大学出版社，2012：5.

声响彻全球。然而，早在20世纪90年代上半期起，人们期望的"和平红利"就荡然无存了，世界许多地区在重重危机之下陷入了战争、混乱甚至野蛮堕落的困境。在经济领域，凯恩斯主义早在20世纪70年代就已经失败，最新教条式的新自由主义也由于2007肇始的经济危机而走向破产，经济增长并没有伴随着就业机会的增加，社会福利正在走向解体，越来越多的人生活在失去最基本的物质生存条件的恐惧中，这显然不是一个取得胜利的世界体系的图景。

面对具有明确全球向度的生态危机，许多生态经济学家、学者对资本主义解决生态问题依然心存幻想，提出了形形色色的"生态资本主义"理论，意在资本主义的框架内努力协调资本主义制度与健康的环境需求之间的矛盾。生态资本主义解决生态问题的主要方式有两种：一是利用市场手段特别是价格机制，引导人的自私本性解决生态问题，被称为"生态市场化"；二是依靠政府的力量偿还生态债务，实现工业社会的生态重建，被称为"生态凯恩斯主义"。对于采用市场机制来保护生态环境的做法，日本的生态社会主义者岩佐茂表示有条件地接受，而萨卡、福斯特、科沃尔等生态社会主义者则表示坚决反对。通过对新资源、生态化市场力、环保技术创新和凯恩斯主义等主流观点的分析，萨卡的结论非常明确，"'可持续的资本主义'或'资本主义生态文明'根本就是一个主观臆想意义上的概念，因为从理论到实践层面它都是自相矛盾的"。① 所以，20世纪80年代末90年代初的世界巨变中，资本主义不是胜利了，只是存活了下来，因为它还没有发展到"增长的极限"。

---

① 郇庆治．"包容互鉴"：全球视野下的"社会主义生态文明"［J］．当代世界与社会主义，2013（2）：14－22.

萨卡预测,在未来的社会发展过程中,由于不可再生资源将最终耗尽,所以世界性的经济收缩是不可避免的,当下的经济危机就是其征兆。在资本主义制度中,资本主义的生态与经济之间存在着不可调和的矛盾和差异,不可能解决生态危机和保证人类的可持续发展,这是因为:第一,长时期的经济收缩以及经济较低水平的停滞是确定无疑的,这种获利无望将导致资本的投资意愿锐减或大规模的公司破产。第二,普遍的增长冲动在资本主义制度下是内生性的,所有的公司都希望通过增长获利,要么扩张要么毁灭。第三,可持续发展对代际利益的关切与资本主义公司的短期投资预期在逻辑上是相矛盾的,没有公司愿意为下一代工作。第四,可持续发展对人和自然界其他物种的道德关怀与资本主义自私自利的道德准则在逻辑上也是矛盾的,社会福利只能是国家的责任。第五,经济收缩条件下公平分配尤其重要,否则可能爆发社会动荡,但公平分配与资本主义市场经济的指向也是不兼容的。第六,可持续经济要求必须消除资源的任何浪费,这对于某个具体的公司是可以实现的,但整个资本主义经济却难以实现,因为经济计划是不可能的。第七,世界范围内的经济收缩必然导致世界贸易也趋于收缩,要求必须实行国际性的计划与合作。

综上所述,萨卡促使人们看到,资本增长的逻辑决定了必须要求增长或发展,而这势必造成"可持续"与"发展"的对立:保持可持续就不可能有发展;要发展必须从可持续的轨道上撤离,所以"资本主义条件下的可持续发展是根本不可能的"。[①] 无论是作为一种经济体系还是作为一种世界体系,当前的资本主义正在走向失败,而未来的美好

① [印]萨拉·萨卡. 生态资本主义的幻象 [J]. 申森译. 鄱阳湖学刊, 2014 (1): 5-11.

社会应该也必须保证能够实现可持续发展，只能是生态社会主义社会。

在这里，毋庸置疑的是，萨卡对资本主义的批判是正确的、深刻的，由此也赢得了众多学者的肯定和赞扬。但他把可持续与发展对立起来的思维有机械化、简单化的倾向。当前的现实一再证明，许多国家特别是发展中国家，通过技术创新和生态化改造，确实能够在一定程度上实现了社会发展与可持续的双赢；而部分发达国家，在陷入经济停滞的同时，环境破坏也越来越严重。

第四章

萨卡对未来生态社会主义的构想

第一节 对市场社会主义的批判

苏联模式社会主义的"崩溃"和"生态资本主义"的无效，促使世人寻求人类社会发展的新的未来。早在 20 世纪初期，德国马克思主义理论家罗萨·卢森堡在恩格斯的影响下，曾对人类社会的未来进行过认真的思考。1916 年，她在《社会民主党的危机》一书中首次提出了"社会主义或者野蛮"这个著名的革命口号，指出资本主义面临着两难处境：要么向社会主义过渡，要么野蛮倒退。"正像弗里德里希·恩格斯在一代人的时间即 40 年前所预见的，我们今天面临的抉择是：或者是帝国主义胜利和所有文明遭到毁灭，就像在古罗马那样，人烟稀少，土地荒芜，人种退化，一大片墓地；或者是社会主义胜利，也就是国际无产阶级反对帝国主义及其方法即战争的有觉悟的斗争行动取得胜利。这是世界历史的一种两难处境，非此即彼，天平正在上下摆动，要由有阶级觉悟的无产阶级来决定。文明和人类的未来取决于无产阶级是否有刚强的决心把它的革命斗争之剑投放到天平上。"①

　　同样关注人类未来的命运，生态社会主义者展开了多角度的研究。面对来势汹涌的生态危机，有人致力于追根溯源，将生态危机或归咎于资本主义国家对科学技术手段的依赖和迷恋，或认为是对个体价值的过度崇拜带来了生态环境的恶化；有人将目光定位于生态社会主义运动，批判其忽视了社会结构和国家变革的重要性；也有人立足于社会主义制度，批评"现存的社会主义"不仅抛弃了真正意义上的"社会主义民主"，而且也没有发展真正意义上的生态学。至20世纪末期，生态社会主义研究者们基本达成的共识是，"如果资本主义不能实现可持续发展，那么，下一个问题便是资本主义能否被另一个社会所取代，这样一个社会能否完全满足环境的需要"②。因为坚信资本主义没有未来，人类只有在未来的绿色社会中才能够生存。为此，我们只能借助于一种新型的、"生态的社会主义"。显然，这种抉择在资本主义现行框架和运行逻辑下是不可能实现的，未来的社会只能是基于生态—社会维度的社会，即生态社会主义社会。虽然苏联和东欧现实的社会主义失败了，但未来的"生态社会主义需要保留和扩展社会主义的核心"，"生态理性需要和平，正义需要废除某些人通过剥削其他人来积累财富的阶级体系。一个真正公正的世界是一个无阶级的世界，超越帝国主义、军国主义和其他为了积累的配套工具的世界"③。

---

① 卢森堡．唐春华，周家碧译．社会民主党的危机［EB/OL］．http：//marxists. anu. edu. au/chinese/Rosa – Luxenibourg/Rosa – 191604. htm.

② John Bellamy Foster. *The Vulnerable Planet*：*A Short Economic History of The Environment*［M］. New York：Monthly Review Press, 1999：pp. 32 – 33.

③ Joel KoveL. *The Eco-feminist Ground of Eco-socialism*［J］. Capitalism Nature Socialism 2005（16）：3.

一、市场社会主义的发展历程及基本主张

萨卡"激进"的生态社会主义主张是建立在对市场社会主义的批判基础上的。市场社会主义是 20 世纪 30 年代以来从社会主义阵营中脱颖而出的最具争议性的模式，是相对于"市场资本主义"和"计划社会主义"的一种独立的经济体制，是"能够将自由经济的自由和效率与社会主义的人道和均等理想结合起来的第三种选择"，① 它试图将生产资料公有制形式与市场经济结合起来以实现社会公正、自由、平等、民主等社会主义的价值目标。对于市场社会主义的界定，西方学者往往各有侧重而各不相同，但都离不开生产资料公有制和利用市场进行资源配置这两个主要方面。《新帕尔格雷夫经济学大辞典》将市场社会主义定义为："一种经济体制的理论概念（或模式），在这种经济体制中，生产资料公有或集体所有，而资源配置则遵循市场（包括产品市场、劳动市场和资本市场）规律。"② 即是说，市场社会主义在坚持生产资料公有制特征的前提下，主张将市场作为社会资源配置的基本手段。

市场社会主义的发展历程大致如下：

（1）最初萌芽时期。市场社会主义的萌芽最初可以追溯到 19 世纪后期"原始市场社会主义"的创始人穆勒，20 世纪初德国经济学家谢夫勒、洛桑学派的帕雷托等人提出并讨论了社会主义条件下如何实现资源优化配置等相关问题。

（2）初步形成时期。20 世纪 20 年代至 50 年代，苏联、东欧社会

---

① David Miller. *Market*，*State and Community*：*The orentical Foundations of Market Socialism* ［M］. Oxford：Clarendon Press，1989：p. 2.
② 新帕尔格雷夫经济学大辞典 ［Z］. 北京：经济科学出版社，1996：363.

主义国家的经济有了初步的发展或巨大变化，在思想领域引发了一场关于社会主义经济计划可行性、社会资源配置有效性的大论战，这一切都有力地促进了市场社会主义理论的大发展。1938年，旅美波兰经济学家奥斯卡·兰格（Oskar Lange）出版的《社会主义经济理论》被誉为奠定了市场社会主义的理论基础。

（3）最终确立时期。20世纪60年代至80年代，苏联、东欧社会主义国家在所有制结构和计划管理体制方面进行了局部改革，与此同时，崇尚自由竞争市场制度的西方经济自由主义思潮也逐渐抬头。在这两股势力的交相呼应下，市场社会主义思潮作为一种相对独立的经济学说逐渐引起世人的关注，苏东部分社会主义国家在经济改革中甚至开展了某种程度的尝试。在理论发展层面上，南斯拉夫的"市场经济学派"主张通过建立市场机制和扩大企业的自主权来刺激经济快速发展，波兰经济学家弗·布鲁斯（Wlodzimier Brus）提出了"导入市场机制的计划经济模式"，捷克经济学家奥塔·锡克（Ota Sik）则呼吁区别对待，宏观商品经济由计划调节、微观商品经济由市场调节。

（4）新的发展趋势。20世纪90年代苏联模式社会主义的失败，将市场社会主义的理论空间推向纵深。同时，资本主义社会的不公正、不平等、效率减退等问题使西方左翼分子深感绝望，他们将批判的矛头同时对准了苏联模式社会主义和市场资本主义，进一步加深了对市场社会主义的研究。部分主张市场社会主义的左派学者，特别是美、英的左派学者，在深刻反思苏东社会主义失败教训的基础上，提出市场社会主义是发达资本主义国家走向社会主义的唯一可行的方案。① 在这一时期，

---

① 段忠桥. 国外马克思主义者关于市场社会主义的争论［J］. 马克思主义与现实，2006（3）：78 – 86.

随着形势的变化，市场社会主义在保留旧有理论特征的基础上又呈现出了新的显著特点，主要体现在：以探讨包括市场社会主义在内的社会主义新的建设模式和设计方案为共同主题，以提升社会主义社会的效率、平等和民主为目标，将论证的范围扩大到与市场密切联系的政治领域和社会领域，从而把市场社会主义政策化和实证化。①

不难看出，在市场社会主义发展的不同的阶段以及不同的学术流派中，具体观点和政策主张不尽相同，但比较一致和稳定的是，他们都承认市场与社会主义可以融合在一起。就市场社会主义而言，其主要理论观点可以大致概括如下：一是主张资源配置方式和社会制度的分离，认为计划和市场都是资源配置的手段，与社会制度的性质没有关系；二是坚持社会主义的基本立场，主张不同形式的生产资料公有制；三是坚持市场是社会资源配置的基本手段，充分发挥价格等市场机制的重要作用。

二、市场社会主义不是可持续的社会主义

萨卡认为，市场社会主义是在西方社会党党员中形成的、关于"资本主义"与"社会主义"之间的"第三条道路"的一般理论和大体框架，其目的在于克服已有"社会主义"计划经济的无效和民主与自由的赤字这两个缺陷，最终追求的也是社会主义的目标。在讨论范围上，萨卡将同时期的"社会主义市场经济""人道的社会主义""民主社会主义"等，一并归入广义的市场社会主义加以讨论。

---

① 姚芳，孙来斌. 市场社会主义与社会主义市场经济 [J]. 天府新论，2010（5）：36－40.

（一）市场社会主义无法保证经济民主

市场社会主义者强调，经济民主是社会主义的理想元素，而且坚信这一元素在他们设想的制度里比较容易实现，这是因为从生产资料的所有形式看，市场社会主义推崇的不同形式的生产资料的公有制或社会所有，能够消除依靠财产而获得的收入，能够消灭资本家和剥削。从经济决策的过程看，社会主义社会在所有的生活空间里都满足"个人长远发展的前提条件"，经济由生产者来控制而不是生产者受经济的控制，民主向下延伸到工厂，向上延伸到宏观经济发展政策的制定。① 从经济民主的可行性看，亚历克·诺夫（Alec Nove）在分析了苏联、匈牙利、南斯拉夫等模式后，指出"有效率的社会主义经济必须是计划与市场的结合，集中和分散的结合，控制和地方积极性的结合"，② 提供经济发展"基本比例数"的长期宏观经济计划和充满竞争的市场机制的结合，既能防止资本主义市场经济的周期性危机，又为革新和效率提供了必需的驱动力。

面对市场社会主义者描述的经济民主场景，萨卡肯定在通常的政治意义上，市场社会主义也是民主的。但源于竞争和利润原则的收入不平等允许存在，将导致经济权力的不平等，穷人和失业者是没有经济民主可言的。即使在企业的决策过程中，正如诺夫评论的那样，大规模的社会主义企业，是很难理性地由劳动者自我管理的，企业规模越大，普通工人离决策越远，结果"除了经理，很少有人关心整个企业"。诺夫提议小规模企业可以"被作为一种使参与最大化的手段"来解决这一难

---

① 段忠桥.国外马克思主义者关于市场社会主义的争论［J］.马克思主义与现实，2006（3）：78－86.

② ［英］亚历克·诺夫.可行的社会主义经济［M］.唐雪葆，等译.北京：中国社会科学出版社，1988：29.

题，萨卡对此感到非常惊讶。因为只要是工业社会，就存在着对参与的限制和极限，加之以市场这只"看不见的手"，使工人的参与更加困难和不可能。至于小规模生产模式，是不可能提高劳动效率和发挥规模优势的，工业生产模式与市场的结合，其结果必然是企业的规模越来越大。在萨卡看来，市场社会主义者提出的经济而非仅仅政治的民主是一个不现实的愿望。

（二）市场社会主义不能实现充分就业

市场社会主义者主张，通过自身的努力和思考来参与塑造所有的社会文化生活空间是人类的尊严。由于宏观框架性计划的最大优势在于能够克服周期性的社会危机、确保经济增长，所以这种社会能够提供必需的物质保障，在此条件下工人能够在任何地方自由地选择工作，因而社会不存在严重的失业问题。既然允许雇用和解雇工人，因而必须有一个劳动力市场，根据斯蒂芬·克鲁格（Stephan Krüger）的观点，市场社会主义的劳动力市场"完全不同于资本主义的劳动力市场的职能。它将只保证必需的工人流动，而保证工人总是能够得到工作将是国家和企业的一项社会任务"。① 诺夫也表达了类似的观点。萨卡对他们这种"吃掉了蛋糕却还想继续拥有蛋糕"的可笑想法提出了批评。萨卡指出，在任何类型的市场经济中，竞争和利润动机都将驱使企业使用节省劳动力的、最现代化的技术来提高劳动生产率以追求利润，这也是市场社会主义希望和支持的。同时，市场社会主义还希望每个工人的净收入最大化。其结果，必然是像诺夫所担心的那样——"驱使投资决定朝着节约劳动力变量的方向发展"，因为雇用额外的劳动力没有物质利

---

① ［印］萨拉·萨卡. 生态社会主义还是生态资本主义［M］. 张淑兰译. 济南：山东大学出版社，2012：193.

益。虽然达姆斯提供了一个解决方法——基本保障收入和自由工作，但在萨卡看来这只是预防和克服严重的贫困，而与社会可持续发展则是不相符合的。

萨卡的设想是，"如果平等、团结和合作将成为社会的较高层次的价值，那就不需要强制。工人、管理者和他们的企业将根据他们自己的协议，减少工作时间和被雇用工人的收入以容纳那些因为某些不可避免的原因而失业的人"。① 遗憾的是，自私自利是市场社会主义理论的最高原则之一。如果按照萨卡的设想做的话，将是市场原则、企业自治的终结。更何况，随着经济全球化的扩张，市场中不同社会主义国家的企业之间也必然存在着更激烈的国际市场，而这时宏观计划与指导是无能为力的，这些都不足以预防经济危机和失业。所以，萨卡的结论是，在市场社会主义中，作为社会主义基本价值观的各尽所能和各取所需是不可能的，失业问题将继续存在。

（三）市场社会主义不能维持可持续发展

关于经济社会的可持续发展，萨卡发现很少有市场社会主义者提及，但也有例外，萨卡提到了雷内·霍尔特施（René Hölstchi）、克里斯蒂安·罗克斯特劳（Christian Rockstroh）和"捷克经济改革之父"奥塔·锡克（Ota Sik）。前两位作者严肃地探讨了激进的生态学家对工业主义的批评，在1985年他们提出的市场社会主义模式中，指出必须有一个"繁荣的增长"与环境保护的平衡，一个不能排斥另一个，这样可以保证经济变得更加生态化。在锡克提出的"以市场机制为基础的分配计划"模式中，他认为自己提出的宏观计划能够明确地接受生态

---

① ［印］萨拉·萨卡. 生态社会主义还是生态资本主义［M］. 张淑兰译. 济南：山东大学出版社，2012：201.

的基本原则，能够从一开始就考虑到经济发展与生态发展的关系，所以即使在高度工业化的国家里，经济增长和环境保护也是可以兼得的。

萨卡认为，大多数市场社会主义者至多是认为有必要考虑生态环境问题以及把环境保护纳入计划与政府的政策，甚至有人还没有思考这一问题。相反，他们不仅没有质疑工业社会的长期可行性，而且还把经济增长作为一个非常重要的经济目标纳入国家的经济政策。比如，诺夫就明确主张，原料短缺并不意味着承认罗马俱乐部那种完全悲观绝望的想象，虽然高速的增长率没有强烈的优先性，但适度的经济增长是必需的。

既然如此，一个现实的问题必须被回答：市场社会主义能够成为经济收缩过程所需要的正确框架吗？萨卡的回答是：不能。这是因为：首先，市场经济内在的增长动力与经济收缩的必要性相矛盾。其次，社会主义的市场经济中同样存在浪费现象。最后，在经济收缩和卖方市场的情况下，生产者和消费者不可能做出对价格信号的弹性反应，市场社会主义者宣称的市场机制没有优势，这种经济被萨卡"简单地称作是混合经济"。在这种混合经济中，经济收缩引起了物品短缺，再加上市场社会主义者允许的收入不平等，结果只有富人才能得到充足的商品，人民大众却不可能。但市场社会主义者是不会这样说的，因为这不再是纯粹的经济问题，而变成了政治问题。所以，萨卡的观点是，"这种或那种类型的混合经济都不是向一个可持续的社会转型的正确框架"。①

（四）作为结论：市场社会主义不是社会主义

萨卡强调，社会主义价值观是判断一个国家是否是"真正"社会

---

① ［印］萨拉·萨卡. 生态社会主义还是生态资本主义［M］. 张淑兰译. 济南：山东大学出版社，2012：204.

主义的主要标准。社会主义所代表的价值观主要包括平等、合作和团结，自由民主与这些价值观是一致的。

关于平等，萨卡开门见山地指出，"市场社会主义者接受收入的不平等"。正如英国经济学家亚历克·诺夫所言，在市场社会主义中，同工同酬的原则遭到了背叛，商业的成功与努力或生产率几乎没有关系。这一难题是客观事实，诺夫认为是不可避免的，任何带有物质刺激的自我管理形式将不得不与之共存。否则，工人将不会关心公司的营业利润。萨卡明确指出，诺夫这里只谈到了工人之间的不平等，企业主和工人之间收入的不平等更加严重。有市场社会主义者期望通过再分配方式，使特定的家庭或个人获得可转移的"公共资金"，以此来"纠正"市场造成的货币收入的不平等。通过这种"值得期望的"再分配，最终将导向"各取所需"的共产主义分配原则。对此萨卡评论说，这并"不是社会主义的政策，而是慈善"，因为"在社会主义社会中，人们应该把其所能奉献的（根据其个人能力）都给予社会，然后依据个人的工作从社会获得用于消费的商品和服务"。[①] 况且，这种公共资金的转移不具有可操作性，因为这样的转移与市场社会主义者所希望的不平等收入的刺激效果相抵触。

关于合作，萨卡引用了市场社会主义者约西姆·毕乔夫（Joachim Bischoff）和迈克尔·梅纳德（Michael Menard）的疑问："……如果工人成为企业的所有者，并且为了利润而相互竞争，那岂不意味着，社会主义者也承认优胜劣汰是值得期望的社会行为？"[②] 这对于市场社会主

① ［印］萨拉·萨卡. 生态社会主义还是生态资本主义［M］. 张淑兰译. 济南：山东大学出版社，2012：199.

② ［印］萨拉·萨卡. 生态社会主义还是生态资本主义［M］. 张淑兰译. 济南：山东大学出版社，2012：198.

义者来说是一个很重要而且需要认真回答的问题，但在萨卡看来，以上两位作者"对这个重要问题的回答是含糊的"，他们却极力试图回答另一个未被提及的问题。依据市场社会主义者的逻辑，只要企业以盈利为取向，必然会导致相互排斥、相互竞争。正如市场社会主义者丽娜特·达姆斯（Renate Damus）所说，一个人要赞同市场机制就必须接受竞争，以及伴随而来的社会不稳定、痛苦、失业，以及人与人之间的不平等。诺夫也敏锐意识到不平等与社会主义的道德之间的不可调和的矛盾，认为任何带有刺激的体制如果是有效率的，必定伴随着不平等。退一步说，即使工人成为企业的所有者，虽然在企业内部工人之间的竞争不复存在，但在同一部门的不同企业之间，竞争依然存在，成功企业的工人将获得较高的报酬和较大的市场份额，代价就是不成功企业的工人。在经济收缩和衰退阶段，这种竞争将会更加激烈。这时的工人和资本家没有什么两样，何谈合作？

至此，萨卡以总结性的语句陈述了自己对市场社会主义的立场。虽然，市场社会主义没有违背马克思和恩格斯的教义，并且在一直努力证明导师们的理论指向就是市场社会主义，但"他们的努力是无用的。事实上，完全可能的是，用马克思来反对马克思"。① 最为关键的是，社会主义追求的价值目标无论是在市场社会主义的理论框架内还是他们提出的实践模式中都是不可能实现的。所以萨卡发出了"它是社会主义吗？"的疑问，他给出的答案是否定的。

① ［印］萨拉·萨卡. 生态社会主义还是生态资本主义［M］. 张淑兰译. 济南：山东大学出版社，2012：197.

第二节　对未来社会主义发展的绿色构想

　　萨卡对苏联模式社会主义的生态批判并不是对社会主义制度的彻底否定，其"破"是为了"立"，即是为构建生态社会主义做的理论铺垫。对于未来的社会形态，萨卡借鉴了 20 世纪 70 年代社会主义者的理论观点，梳理出未来生态社会主义的基本立场：资本主义沉迷于进一步的生产力增长和科技的应用，资产阶级不会"自觉"投资于环境保护。所以，社会主义者必须构建出一套超越资本主义的替代性方案，实现自然资源和所有的生产力方式都归国家所有，才能消除生产的外部成本，根除环境问题。从当前的世界局势出发，不难发现资本主义根本没有办法解决全球正在遭受的重重危机，人们迫切渴望一种替代性选择，以求在新的条件下寻求解决方案。萨卡认为，虽然现在还无法预先详细描述新社会主义取代资本主义的具体内容，但为一种新型社会主义发动宣传攻势的时机已经成熟，可以"阐明我们的理论分析和生态社会主义设想的基本要点"，这不仅是有价值的，而且也是必要的，"当前最紧迫的任务是考虑如何实现安东尼奥·葛兰西所指称的智力与意识形态霸权"。①

一、平等、合作、团结是生态社会主义的价值取向

　　为了生态社会主义的实现，生态学马克思主义者们提倡人们应在思

---

① 萨拉·萨卡，布鲁诺·科恩. 生态社会主义还是野蛮堕落？——一种对资本主义的新批判［J］. 陈慧，林震译. 马克思主义与现实，2011（3）：145 – 153.

想意识层面开展一场"文化革命","社会主义运动形成于这样一种斗争之中，这种斗争的主体是团结在一起的个体，它建立在伦理要求的基础之上，对经济理性发挥作用的领域加以新的社会限制。只有这样的限制才能保证劳动者的总体性，以及确保他们无论在个体层面上还是集体层面上，自我决定自己怎样度过自己一生的权利。社会主义运动的含义及目标过去是，现在仍然是使个人从这样一些领域中解放出来，在这些领域中，市场的逻辑、竞争和利益的功能，正阻碍着个人获得独立和自我实现"。① 人们应当通过文化、教育和交往的满足来充实日常生活，进而实现个人在不可量化的、不能用金钱来衡量的文化领域实现自由而全面的发展。消费得更少，更有特点，我们就会生活和工作得更好。这是因为，"人为主义之本，社会主义是一种价值，是价值基础上思潮、运动和制度的统一"。② 作为生态危机日益威胁人类及其后代可持续生存根基的历史境遇下的一种追求，生态社会主义同样也是一种价值。"我们坚信，'另一个世界是可能的'，这个世界将以生态价值观和社会主义价值观为基础。"③

概括起来说，传统生态社会主义者主张将符合生态学原则的正义、平等、民主等作为社会主义的更重要价值指向。正义被生态社会主义者大力推崇并被赋予了生态内涵，如英国生态社会主义者戴维·佩珀从环境正义视角审视"人类共处同一个星球"时，指出"社会正义或它正在全球范围内的日益缺乏是所有环境问题中最为紧迫的。地球高峰会议

① André Gorz. *Capitalism · Socialism · Ecology* [M]. London: Verso, 1994: 38.
② 胡振良. 中国特色社会主义首先是一种价值 [J]. 探索与争鸣, 2013 (8): 30 - 34.
③ Derek Wall. *The Rise of the Green Left: Inside the Worldwide Eco-socialist Movement* [M]. London & New York: Pluto Press, 2010: p. 169.

精神清楚地表明，实现更多的社会公正是与臭氧层耗尽、全球变暖以及其他全球难题做斗争的前提条件。"① 绿色左翼组织（Green Left）倡导未来的绿色社会必须以经济正义、政治正义和社会正义为基础。民主是生态社会主义的题中应有之意，生态危机产生的根源恰恰就是因为民主的缺乏，所以民主应当是解决当代环境问题的框架和关节点，"全球民主是一种生态文明的前提条件"。② 一个建立在公有制和民主管理基础上的社会，才能满足生态环境的需要。生态被赋予了深刻的社会意蕴，生态原则和社会原则具有内在的契合性，"社会主义需要生态学，因为后者强调地方特色和交互性，并且还赋予了自然内部以及社会和自然之间的物质交换以特别重要的地位。生态学需要社会主义，因为后者强调民主计划以及人类相互间的社会交换的关键作用"，③ 但生态理性必须超越经济理性，以实现人与自然以及人与人之间的和解与协同发展。2009 年，世界社会论坛在巴西北部城市贝伦召开，其间生态社会主义国际发布了由米切尔·洛维（Michael Lewy）起草的《贝伦生态社会主义宣言》（*Belem Eco-socialist Declaration*），指出"生态社会主义构建在变革性的经济基础之上，它的经济根植于强调社会正义和生态平衡的非拜金主义的价值观"。④

类似于其他生态社会主义者，萨卡认为现实社会主义的价值观急需

---

① ［英］戴维·佩珀. 生态社会主义：从深生态学到社会正义 ［M］. 刘颖译. 济南：山东大学出版社，2008：前言.

② ［美］大卫·格里芬. 全球民主和生态文明 ［A］//李惠斌，薛晓源，王治河. 生态文明与马克思主义 ［C］. 上海：华东师范大学出版社，2008：52.

③ ［美］詹姆斯·奥康纳. 自然的理由：生态学马克思主义研究 ［M］. 唐正东，臧佩洪译. 南京：南京大学出版社，2003：434－435.

④ ［法］米切尔·洛维. 贝伦生态社会主义宣言 ［J］. 聂长久译. 当代世界社会主义问题，2010（2）：95－99.

而且能够被生态化，因为社会主义的价值观比资本主义更胜一筹，前者所追求的平等、合作与团结同人类对自由民主的普遍诉求是相一致的，但迄今所经历的"社会主义"制度中并没有实现这些价值观。"社会主义仍有前途，但它必须首先学好生态这门课。"① 萨卡明确表示，他拥护社会主义，主要是因为社会主义所代表的价值观：平等、合作、团结。

（一）平等

依照萨卡的认识，平等的价值是通过人与自然以及人与人的双重和谐关系体现出来的，并与社会主义平等的机制理念相匹配。

1972 年，英国科学家詹姆斯·洛夫洛克（James Lovelock）提出了深深影响人们地球观的地球生命体理论——盖娅假说（Gaia Hypothesis）。洛夫洛克把整个地球看成具有类似于生命属性的"盖娅"（希腊神话中的大地女神），强调地球是一个可以自我控制的系统。但有两个问题是我们必须要重视的：其一，地球的自动调节能力是有限度的，超过这个限度就会破坏地球的稳定性从而带来灾难；其二，"盖娅"本身具有的反馈机制是去除对自己"有害"的因素，即地球自动调节的结果是客观的，并非都有利于人类的生存。盖娅假说虽然至今尚未得到广泛的认可，甚至洛夫洛克自己也表示了怀疑，但它作为一种新的地球观给我们以深刻的启示——地球是一个生命与环境相互作用的复杂系统，人类必须共同行动才有未来。从洛夫洛克的盖娅假说出发，动物权利运动和深生态运动主要关心保护盖娅和人类之间的物种，提出了"万物平等""所有的自然物具有内在价值"等理论，认为人类只是自然环境

---

① Saral Sarkar. *Eco-socialism or eco-capitalism* ［M］. London and New York：Zed Books，1999：p. 5.

的一个"组成部分，或参与者"，在能够调节一切的盖娅面前是可有可无的，所以人类试图掌控生物圈的理性努力注定要失败。

　　萨卡阐述了自己不同的观点，强调虽然"我们根本没有理由来假设我们人类无论如何都要高于其他物种"，但"人类有两个具有重要意义的特征"：一是人类因为诸多理由而相互残杀，这是令人憎恶的；二是人类能够抗拒自然选择，试图保护其他的物种。就第一个特征而言，表明人类并不比其他物种发达、"文明"，如果我们能够创造一个没有互相残杀的世界的话，我们将获得更多。就第二个特征而言，并不表明人类已经具备超越自身利益和其他物种利益之上的能力，人类"并非只是另外的一个物种，而是相当不同的一个物种"，我们采取措施保护其他物种的动机，不是出于科学、美学或感情需求或利益，只是一种纯粹的道德义务感使然。我们这样做如果不是为了人类的短期利益，也是为了自身物种的长期利益。

　　虽然"无论如何，我们似乎无法避免人类中心主义"，但"人类中心主义"与"人类"的区别还是很明显的，我们所做的任何有利于其他物种的决定和行动都是人类的决定和行动，我们正在从事的生态运动，与其说是在积极拯救地球的生命，毋宁说拯救的只是人类及其当前的物种成分，保护环境只不过是使人类在其中能够或多或少地感受到如家一般的舒适。在人类演化的开始阶段，我们与其他物种是真正平等的，但现在，这种平等只是一种愿望和理论，它实际上只是我们的一种道德义务。"生态社会主义坚持的是建立在追求集体的长期利益以及人类和谐发展基础上的人类中心主义的生态价值观"。①

---

　　①　王雨辰. 论生态学马克思主义的生态价值观［J］. 北京大学学报，2009（5）：27-34.

关于人与人之间的平等，萨卡通过分析"众生的普遍人权"展开了自己的分析。他大量引用了《弗吉尼亚权利法案》、联合国《普遍的人权宣言》、德国宪法以及大多数人权组织宣言，指出它们都无一例外地主张"人类与生俱来的尊严不可侵犯"，但这些宣言和法案没有说如何实现这一目标，相反，几乎所有的人权或基本权利宣言都郑重宣布财产权。原因很明显，在一个资源有限的世界里，不可能每一个人都能够拥有自己的财产，可见所谓"平等"在一个"民主"的国家里是多么地虚伪，法律是不足以促进公民之间真正的平等的。资本主义的基本信条是抽象的个人平等，"我们必须寻找一条通往更理性的经济社会形态的途径，这种形态不是建筑在以人类和自然为代价的积聚财富的基础之上，而是建筑在公正与可持续的基础上"。①

在萨卡看来，可持续性既是生态问题，也是政治问题，它是一个通过合作、互助解决生态和政治平等的过程，这就是生态价值的双重内容。人类历史的现实发展过程表明，资本主义自私、贪婪的价值观与生态主义的合作价值是格格不入的，生态系统的完善呼唤与社会主义制度的结合，融生态原则与社会主义原则于一体，建立一种人人平等互助的新体制，生态社会主义恰好吻合了两大价值原则的诉求。萨卡认为，未来理想社会主义是建立在经济收缩的基础上的，只有实现平等，才能让人民接受经济收缩政策，才能克服生态危机，平等是社会主义的首要原则。

就平等的内容而言，萨卡强调经济平等是根本的，是实现其他一切平等的前提和保证。在这个新的经济社会形态中，"经济平等是根本的

---

① ［美］约翰·贝拉米·福斯特. 生态危机与资本主义［M］. 耿建新译. 上海：上海译文出版社，2006：129.

价值观，应该是平等原则的最重要组成元素"。① 只有实现了这种平等、每个人都有"充足"的经济力量，实现其他人权的最重要的条件才能够得到满足。在生态社会主义社会中，经济平等不仅是一种理想，也是一种必需，无论在收缩期还是在低水平稳态经济中。当然，这种平等不是完全的平等，但对其的确认和选择能够大幅度降低不平等，以维持可持续发展。

萨卡的设想是，在宏观层面上，虽然生态社会主义国家没有能力支付高额工资，但能够保障维持每个社会成员获得最低限度的商品和服务。那些从事不愉快甚至艰苦工作的人，要么获得较高的报酬，要么在同等报酬的前提下缩短工作时间。消除同一个国家不同地区之间的工资差异，虽然困难重重，但在经济收缩的背景下，借助于社会成员道德的提高，实现这种平等也是可能的。在微观层面上，萨卡注意到了家庭中、婚姻中、成人与儿童以及工作场所中实际的不平等，对此法律和国家是无能为力的，萨卡指出那将是社会主义者的文化任务，将通过社会运动来实现。"生态社会主义的深层价值，是消除资本主义现行体制中的剥削成分，改变现有注重效率而忽视平等的理念，改变人与人之间以及人与自然之间的不平等现象，铲除新式生态殖民主义，倡导建立公正的国际新秩序，从而实现生态政治与平等主义、社会主义的反剥削思想互为补充的总体理念。"②

（二）团结与合作

萨卡认为，道德的提高、新人的理想、合作与限制不平等是社会主

---

① ［印］萨拉·萨卡. 生态社会主义还是生态资本主义［M］. 张淑兰译. 济南：山东大学出版社，2012：246.

② 张永刚，钟明华. 萨拉·萨卡生态社会主义的伦理诉求［J］. 教学与研究，2013（7）：85－91.

义理想不可缺少的组成部分。团结合作可以分为主动式与被动式。在原始社会时期，面对恶劣的自然环境，为了生存，人类不得不相互达成一致，这是被动的团结合作。而在生态危机日益严重的今天，为了避免毁灭，人们必须再次自觉地联合起来，寻求新的团结与合作，这是主动的。

但从目前的现实来看，团结与合作的效果并不理想。在"社会主义的"苏联，缺少以平等为根本的社会主义道德原则的保证，"新阶级"可以获得特权和不当利益，由此招致大多数苏联公民的愤怒、讨厌和嘲笑；国家计划的前后矛盾和反复无常，形成了计划者和执行者之间的互不信任，随处可见"非社会主义的"行为以及欺骗的恶性循环。社会主义国家的大多数人感到无可奈何，变得愤世嫉俗或听天由命，他们并不努力去改变这种状况，而只是想追随特权阶层，从而能分得一杯羹，即导致了社会主义道德"塌方式"地全面沦丧。苏联垮台的真正原因，正是因为人们没有遵循道德原则，没有保持应有的道德水准，最终葬送了社会主义。[①] 建立在私有制原则和内在增长机制基础上的资本主义制度，注定与团结合作的社会理想相冲突。资产阶级的价值观是"贪婪、残酷竞争、财富与收入方面的严重不平等"，驱使它追求利润的最大化和经济的不断增长。虽然罗斯科、戴利等部分资本主义的理论家，也赞成合作和"道德的提高"，但在竞争机制的强力作用下，生态社会主义的合作价值与资本主义的竞争价值观是针锋相对的，所以资本主义制度中没有正义、平等、友爱、团结、同情心、道德准则的

---

① 时昊青. 20 世纪 90 年代以后的生态社会主义 [M] . 上海：上海人民出版社，2009：80.

位置。①

萨卡借鉴了弗洛姆的观点，将实现团结与合作的理想寄希望于社会主义"新人"。弗洛姆把"新人"的培养看作社会主义的主要任务，强调社会主义建设和新人的培养是同步进行的。② 萨卡将新人的培养视为社会可持续发展的重要保证，并借用安德烈·辛亚夫斯基对"新人"的解释，强调新人是能够将社会理想与大众利益结合起来，将其作为实现最高目标——共产主义理想的动力并积极践行道德准则的人，新人是未来生态社会主义得以实现的重要保证。因为新人能够自愿接受较低的物质生活标准并把它作为自己生活的目标，所以他们更接近主动合作，在最高目标下追求生存的最佳状态。这时，第一世界的生态社会主义政府应该而且能够帮助第三世界完成向可持续发展的转型，"世界变成了一个生态社会主义的世界"。"人们要逃脱经济理性的掌控，要认识到更多并不必然意味着更好，挣钱和消费更多并不必然意味着导致更好的生活。所以，要知道人生中有更多重要的需求超过了对工资的需求。"③

二、可持续性是生态社会主义的必备特征

在《我们共同的未来》中，"可持续发展"要求在"不损害未来一代需求的前提下，满足当前一代人的需求"，标志着对人类发展问题的认识的深化。可持续发展强调按照公平性、持续性和共同性三项原则，处理好本代人之间、代际间资源分配与利用的公平，处理好人类经济社

① 萨拉·萨卡. 资本主义还是生态社会主义——可持续社会的路径选择 [J]. 郇庆治译. 绿叶，2008（6）：44–47.

② 岳丽艳. 人的全面发展与"新人"培养——弗罗洛夫全方位综合研究人的"新人"理论 [J]. 山东社会科学，2006（6）：137–139.

③ André Gorz. *Critique of Economic Reason* [M]. London：Verso, 1989：p.116.

会发展与资源和环境的承载能力的平衡，从地球的整体性和相互依存性出发将人类的局部利益与整体利益结合起来。

对于可持续发展，萨卡认为这显然不是一个新名词，许多左翼人士已经在使用这个术语。但在萨卡看来，这些人将社会主义理念与可持续发展、人口问题、社会主义道德等方面不合适地联系在一起，通常是无法令人信服的，他有自己的独特理解。他在《生态社会主义还是野蛮堕落》一文中强调，除非我们赋予"发展"这个术语以新的含义——不再将其理解为工业化、经济增长和工业社会，否则可持续发展是不可能的。他同意戴利对"增长"和"发展"两个词的区分，认为"增长"是经济系统的物质向度的规模扩充，其基础是越来越多的资源消耗；而"发展"是指非物质扩张性经济系统的质的改进，是利用同量的资源来增加收益，能够保持与环境的动态平衡。①

在萨卡看来，要实现可持续发展或建设一个可持续社会，需要一种范式的转换，应把迄今为止主导性的增长模式转变为"增长极限模式"，这就要求必须做好资源消耗替换、人口规模控制、企业类型转型等方面的工作，因为生态社会主义社会具有如下特征。

（一）可持续发展要以可再生资源为基础

可持续发展意味着社会能够持续数代，但它必然不能以工业经济作为基础。当今工业社会的繁荣是以机器和化石燃料为代价取得的，基础是非常高的资源消耗，特别是煤、石油等不可再生资源的消耗。众所周知，不可再生资源迟早是会枯竭的。即使是可再生资源，比如太阳能、风能等，因为其负的能量平衡，在萨卡看来也不是切实可行的，而且人

---

① 萨拉·萨卡，布鲁诺·科恩. 生态社会主义还是野蛮堕落？——一种对资本主义的新批判 [J]. 陈慧，林震译. 马克思主义与现实，2011（3）：145–153.

类将来得到的可再生资源肯定少于今天的不可再生资源与可再生资源的总和。既然这样，萨卡提出，未来可持续社会——生态社会主义社会的生产生活最好全部、至少是大部分必须以可再生资源为基础，"而且我们消耗可再生资源（例如木材、淡水）的速度不能高于可再生资源的再生或补充速度，这种经济才能真正是可持续的"。① 而对于不可再生资源，他号召我们必须节约使用，或者只有在绝对必要时才不得不使用。

（二）可持续发展必须控制人口规模

众所周知，马尔萨斯在 1798 年发表的《人口学原理》中，提出过一个著名的论断：以算术级数增加的物质生活资料跟不上以几何级数增加的人口，不可避免地会出现饥饿、贫困和失业等现象，这是超越历史的普遍的人口规律，也是永恒的自然规律。对于此原理，萨卡坚信不疑，指出即使在今天科学技术已经大大发展的条件下，马尔萨斯的两条法则仍然是正确有效的。萨卡强调，马尔萨斯关于人口增长和粮食生产增长的两个法则是自然法则，而不是恩格斯说的经济法则，属于生命科学的领域，因而是永恒的法则。

按照 1991 年国际自然保护联合会给可持续发展下的定义，可持续发展的目标是提高人类的"生活质量"，而不是"生活水平"或"繁荣"。鉴于现实世界性的资源危机、生态危机、气候变化及其所产生的可怕效应，萨卡认为实施可持续发展就意味着经济必须收缩，这时如果还不控制人口的话显然是荒谬和不合逻辑的。正如莫哈塔马·甘地所言："地球的供应足以满足每一个人的需求，但无法满足每一个人的贪

---

① ［印］萨拉·萨卡. 生态社会主义还是生态资本主义［M］. 张淑兰译. 济南：山东大学出版社，2012：141.

娄。"萨卡还引用了世界观察研究所莱斯特·布朗（Lester Brown）以及联合国粮农组织专家的观点，证明在当前人类可获得的食物几乎不可能再增加了，而人口的年均增长率下降不足 1%（1984—1993）。所以，萨卡最后得出的结论是：马尔萨斯的两条法则就像自然法则一样好，"很明显，我们应该努力停止人口的增长而不是生产更多的食物"。唯有合适的人口控制政策，在遵守生态系统可承载能力的范围内，把人口稳定在最佳水平，才能提高人类的生活质量，向可持续社会迈进。

（三）可持续发展需要劳动密集型企业

在一个可持续经济中，萨卡认为以下几个方面的原因决定企业必须也只能由现在的资本技术密集型向劳动密集型转化：其一，为了达到大幅度降低资源消耗的目标，目前高能耗的机械化、自动化和智能化水平和规模都将不被允许，取而代之的必然是劳动密集型企业运作方式，这一点非常重要。其二，生态能源价格的上扬使长线贸易急剧减少，地区经济、自足经济和生态循环经济将飞速发展，需要大量的劳动力。其三，一个真正的可持续社会要最大限度地减少失业，这也是最基本的公平。

三、进步是生态社会主义的基本议题

就目前的现实来看，苏联模式的"社会主义"因其增长的极限和全社会的道德沦丧已经崩溃。就资本主义制度而言，自私自利的原则和增长的内在驱动使整个社会服务于资产阶级的利益，"生产力在其发展的过程中达到这样的阶段，在这个阶段上产生出来的生产力和交往手段在现存关系下只能造成灾难，这种生产力已经不是生产的力量，而是破

坏的力量"。①

在萨卡看来，无论是戴利的稳态经济，还是任何形式的道德经济，将一定会变成社会主义（或半社会主义）的稳态经济，这其中存在着一个"转型期"，"对我们来说，转型期更加重要"。这一转型虽然对我们来说不是那么迫切，而是未来几代人的任务，但工作必须从今天就开始。依据科学的事实，萨卡自己也意识到，就像马克思说过的，我们不能制定"未来食堂的菜谱"，但"至少需要一些方向感"，需要一些"推测的、抽象的、理论性的"轮廓，萨卡称其为"一些相关的基本议题"。立于这些基本议题，"人与人之间的关系和人类的行动以及民众与国家之间的关系，都将有一个巨大的进步。至少，这种进步的可能性将增加"。② 这些"基本议题"主要包括：

（一）实现充分就业和社会保障

对任何一个生态运动来说，工作问题是一个真正的软肋。虽然萨卡设想的生态社会主义需要一个长期的经济收缩过程，才能达到低水平的稳态经济，但他坚信"在生态社会主义社会，没有人会担心失业"。这是因为：首先，修理、再循环等对生态友好的、劳动密集型技术优先，将会在减少资源消耗的同时，提供大量的工作机会。其次，即使在一个低水平的、循环的稳态经济中，教育、卫生、服装、食品等大量必需性的工作需要人来完成。最后，一个生态社会主义政府将追求稳定的低出生率，人口规模的下降有助于保障就业。

在转型期，社会保障和人口控制政策紧密相连。在一个生态社会主

---

① 马克思恩格斯选集（第1卷）[M]. 北京：人民出版社，1995：90.
② [印] 萨拉·萨卡. 生态社会主义还是生态资本主义 [M]. 张淑兰译. 济南：山东大学出版社，2012：245.

义社会中，凡是对社会有益的工作都应该是有报酬的——比如抚养儿童、照顾老弱病残等，这部分报酬来自有义务做而没有做的人支付的特别税收。对于贫穷的老年人，政府将提供保障，前提是他们的后代的人数必须限制为两个，这一政策的基金来自相对富裕的人的捐款。但需要指出的是，萨卡赞同美国著名精神病专家维克多·埃米尔·弗兰克尔（Viktor Emil Frankl）的警告：福利国家的公共援助体系，并不足以防止"无意义的感觉"的发生，一个人不能仅仅依靠失业的福利而生活。特别是在经济收缩和低水平的稳态经济中，不可能产生较多的剩余财富，所以社会保障体系不会养活那些不工作的人。退一步说，一个依靠基本最低收入生活的人，如果没有工作要求，对社会无以回报，在萨卡看来也是不体面和不值得推崇的。

（二）加强经济分权和地区计划

在转型期，较大部分的生产资料属于社会，个体所有者将逐步丧失生产资料，企业家只能拥有社会总储存的生产资料的一小部分，有意识的社会性决策不仅是值得追求的，而且是必需的。况且，经济收缩需要计划。这是因为，随着利润率和利润量的不断下跌直到稳定状态，"金融意义上的资本将在很大程度上被毁灭——不仅包括那些先前投入到被关闭的企业里的资本，而且包括现在许多投入到那些允许继续运转但减少生产的企业里的资本"。① 届时，将不会有给予全部补偿的问题，这必将招致部分人的强烈反对。在这样的情形下，经济收缩需要一个强大的国家来进行社会化，并首先从整个经济的国有化开始。萨卡认为这是"唯一公平的解决方案"。

---

① ［印］萨拉·萨卡. 生态社会主义还是生态资本主义 ［M］. 张淑兰译. 济南：山东大学出版社，2012：232.

随着经济收缩过程的推进，社会产品和服务的数量大幅下降，计划和管理经济的任务变得更加简单。这时，集中计划的范围已大大缩减，经济的分权计划和管理的优势更加突出因而是可取的。萨卡指出，只要较大范围的地区能够实现自我满足，包括生产资料的所有权在内，这种分权应该"超越省级层次"，可以开展地区计划。在这一计划的管理过程中，地区和当局在很大程度上能够拥有自己的财产，所有利益相关或受到影响的人就能够行使所有者的职能，因此这样的计划的效率是很高的。

基于现实的原因，大量小经济单位的活动很难被纳入计划，生态社会主义的政府在一些领域允许私营企业的存在。对于这些私营企业，萨卡做出了种种限制：必须建立在自己、配偶和成年子女的劳动基础之上，不能雇用劳动力，所有成员亲自劳动并拥有相同的股份和平等的权利与义务，企业规模不能扩张，收入稍微多些但变富的可能性几乎没有。以农业集体农场为例，数个家庭分享或租借农业生产设备的生产方式存在着明显的优势，应该通过调查和试验大力推广。

（三）实行配给制和国际贸易

市场社会主义者坚称市场是不可缺少的，尤其在分配方面。如果没有市场的帮助，生态社会主义就无法运转。但在萨卡看来，处于转型期的稳态经济的社会分工比工业社会要低得多，消费者可以获得的产品的数量和种类也非常有限，社会事务虽然实行民主决策但并不复杂，所以转型期的困难虽然存在但会越来越小，所以国内市场是可以取消的。在这种情况下，要保证社会主义的公平分配和公认的集体利益，保证所有需要产品的人都能以合理的价格得到相应的产品，萨卡建议由国家通过调查了解消费者的愿望，其中最受欢迎的能够得到实现，这时"可能需要某种类型的配给"。① 作为辅助手段，生态社会主义社会提倡耐用品的再循环利用、修理、消费者之间的分享，这将有助于缓解减产所引发的供应不足。

按照萨卡的设想，提高资源的生产率是生态社会主义的重中之重。他呼吁人们必须控制需要和必需品，以便生产活动尽可能地在地方或地区展开，长距离的贸易能够收缩并维持在可持续的限度之内。和很多生态社会主义者相似，萨卡反对经济全球化，原因有二：其一，萨卡认为资本的国际流动在不断增加，导致了经济发展巨大的不确定性和失业的增加，而且不可能是所有参与国都因比较优势而获利；其二，萨卡主张生态社会主义政府必须能够理解、预测和控制国家的经济活动，以便成功地执行生态政策，但现实是全球化过程中跨国公司、世界银行、国际货币基金组织等国外势力日益强大，实际上剥夺了许多国家的经济自主权。所以，萨卡提议，在很大程度上，生态社会主义的经济活动应是分散进行的，经济单位规模小，地区和地方团体能够实现自给自足和民主自治，但他明确反对"浪漫的或狭隘的地方或地区之爱"。

（四）处理好权威与民主的关系

在萨卡设想的生态社会主义实现路径中，规模经济虽然不能被生态社会主义者否认，但经济单位的规模必须是小的。这是因为，规模经济建立在能耗巨大和成本高昂的工业技术基础之上，这就决定了它必须为了大市场而大规模地生产，只有这样才比其他技术更经济而不至于亏损或浪费。在经济收缩的过程中，由于大规模的生产已不会再有任何的优势，生态社会主义采纳的是劳动密集型的中间技术。但与很多生态社会

---

① ［印］萨拉·萨卡. 生态社会主义还是生态资本主义［M］. 张淑兰译. 济南：山东大学出版社，2012：227.

主义者不同的是，萨卡提醒说，生态社会主义者不应该对小规模有任何浪漫的偏爱。这种小规模经济"也许是美的，或许不是，但它是一种必需，也是其他必需政策的必然结果"。①

生态社会主义者之所以选择小规模经济，还有另外一个现实的原因，那就是工业社会主义中工人自我管理被证明是无效的。在社会主义团结合作价值观的指引下，虽然经济单位变小了，但如果没有工人对较高权威的服从，这种生产也是不可能的。萨卡引证了恩格斯在《论权威》中的说法，"一方面是一定的权威……另一方面是一定的服从，这两者都是我们不得不接受的，而不管社会组织以及生产和产品流通赖以进行的物质条件是怎样的"，② 权威和自治都是相对的，无所谓绝对的好或者坏，它们的应用范围随着社会发展阶段的不同而改变。虽然恩格斯是在资产阶级大规模经济中来考察权威的，但萨卡认为"它们可以应用到所有的社会制度中"。包括圣西门、乌尔里希等社会主义者对此也持赞同的态度，认为人民直接管理是不可能的，因为大规模的经济单位不容易被理解，所以不能像"没有主宰的物"那样被管理，否则它会逃脱控制和监督。同历代的马克思主义者和共产主义者相似，萨卡由此推断，生态社会主义的"生产体系只能是等级制的、专制的和集权的。而且，等级制具有其自身的动力。它们能够复制和强化自身，并且不局限于工业领域"，③ 出现了乌尔里希所说的"社会临界线"的跨越。在生态社会主义的转型期，为了保证有计划的、有秩序的撤退，强大的

---

① ［印］萨拉·萨卡. 生态社会主义还是生态资本主义［M］. 张淑兰译. 济南：山东大学出版社，2012：230.

② 马克思恩格斯选集（第 4 卷）［M］. 北京：人民出版社，2012：276.

③ ［印］萨拉·萨卡. 生态社会主义还是生态资本主义［M］. 张淑兰译. 济南：山东大学出版社，2012：231.

国家必须借助于权威平定少数人试图制造的混乱，不能像幼稚的无政府主义者那样拒绝任何权威，否则开始之时就是毁灭之时。

迫于这种形势，即使强大的民主国家，在转型期也不太符合生态社会主义民主的理想。在萨卡眼里，作为"没有主宰的休戚相关个体的联合体"的社会主义社会，只能是社会主义者不懈努力、逐渐接近的一个目标，永远不可能完全变成现实。相反，只有生产建立在小规模的基础之上，充满生态的、与资源相关的责任，并伴随着简单的、容易理解的技术和组织，这种理想也许会成为可能。进一步，萨卡认为，"我们期望更高水准的民主，但也不能否认有专政的危险"。这是因为，在经济收缩的过程中，很可能会遇到远远超出我们想象的反对，经济收缩的反对者甚至试图运用武力继续经济增长的政策。迫于这种情况，生态专政就会不可避免地建立起来。

第三节　对生态社会主义前景的展望

对于"生态社会主义何时才能实现"这个问题，萨卡认为回答是十分困难的，且不可能有一个简单的答案。虽然萨卡自称不是一个传统的社会主义者，因而不迷信马克思的有关论述，但他认为自己作为一个科学的/唯物主义的社会主义者，还是相信马克思在《〈政治经济学批判〉序言》中关于未来社会出现的论述。马克思写道："无论哪一个社会形态，在它所能容纳的全部生产力发挥出来以前，是决不会灭亡的；而新的更高的生产关系，在它的物质存在条件在旧社会的胎胞里成熟以前，是决不会出现的。所以人类始终只提出自己能够解决的任务，因为只要仔细考察就可以发现……任务本身，只有在解决它的物质条件已经存在或者至少是在生成过程中的时候，才会产生。"① 顺着这个思路，萨卡提出了如下三个问题：（1）当今发达资本主义国家的生产力进一步发展还有空间吗？（2）新的更高级的生产关系即社会主义社会产生的物质条件具备了吗？（3）假设我们的任务是创建一个生态社会主义社会的话，"解决"（实现）这一任务的物质条件已经存在了吗？② 带着这疑问，萨卡着手分析了当今世界的现状，并描绘出实现未来生态社会主义社会的图景。

一、"道德进步"是实现生态社会主义的真正动力

萨卡明确表示，生态资本主义、生态凯恩斯主义和市场社会主义是不可能解决当前社会的生态危机的，它们至多只是具有临时效果的"止痛药"，而一个有责任感的医生会尝试一切可以想到的办法来拯救病人的生命，"只有生态社会主义才是正确的药方"。但如前所述，生态社会主义排斥市场的作用，因此失业威胁、亏损或破产的风险不可能作为实现生态社会主义的动力；由收缩引起的物质刺激也不复存在，导致工作的热情和觉悟随之降低。在经济收缩的过程中，如何确保工人和管理者的真诚工作动机成为生态社会主义的重要议题和现实难题。

恩格斯指出，"'社会主义'不是一种一成不变的东西，而应当和任何其他社会制度一样，把它看成是坚持变化和改革的社会"。③ 在生态社会主义者看来，生态政治无法保证生态社会主义的必然实现，只有

---

① 马克思文集（第2卷）［M］．北京：人民出版社，2009：591.

② Saral Sarkar. *Prospects For Eco-socialism*［EB/OL］．http：//www. countercurrents. org/sarkar310514. htm，2014 – 5 – 31.

③ 马克思文集（第10卷）［M］．北京：人民出版社，2009：588.

通过重建人类社会中资本主义性质的社会关系才能实现对人与自然关系的重建，进而实现对自然生态的集体性适应与尊重。正如皮特·冯·奥尔岑（Peter Von Oertzen）所言，"人类利己主义的能力使社会主义成为必需，而他们慷慨的能力使社会主义成为可能"。① 萨卡认为，一种新的生态社会主义运动必须基于生态政治与社会主义运动的结合，如今的革命性任务不是充当世界历史的发动机，而是拉动紧急制动闸，生态社会主义者必须形成他们自己的新的价值观和理念。"除了道德的提高，这一过程甚至不可能开始。"但是，道德进步是可能的吗？

著名的奥地利比较心理学家、1973年诺贝尔生理学奖获得者康拉德·洛伦茨（Konrad Zacharias Lorenz）曾经对动物和人类的攻击行为进行过深入的研究，并出版了《论攻击》（1966）一书，系统阐述了习性学关于攻击行为的理论观点。他认为，攻击是人类和动物一种好斗的本能，攻击的驱动力来自有机体内部能量的不断积累，达到一定水平后就要通过适当的争斗予以释放，从而引发攻击行为。洛伦茨以创建政党为例，指出建立政党能够产生刺激，但不是攻击的真正原因。萨卡部分认可洛伦茨的理论，但他更倾向于接受人本主义哲学家和精神分析心理学家埃里希·弗洛姆（Erich Fromm）的部分观点。

与弗洛伊德和洛伦茨不同，弗洛姆一方面承认生物本能是人性中不可缺少的组成部分，另一方面他又指出应从"一切社会关系的总和"角度出发来判断人的本质。从人的生存状况出发，弗洛姆将人和动物共同具有的反应性攻击称为"防卫的"或"良性的"攻击，它服务于个体的"切身利益"；将人类独有的杀死和毁掉自己同类的"高级"攻击

<hr>

① Saral Sarkar. *Eco-socialism or Eco-capitalism* ［M］. London and New York：Zed Books，1999：p. 266.

称为"恶性的攻击",它不需要任何理由。弗洛姆用性格来解释人类的攻击行为,认为"社会过程通过决定人的生活方式(包括与他人发生关系的方式与劳动的方式),塑造了人的性格结构"。① 当今的工业文明是一个病态的社会,人们陷入一种普遍异化、总体异化的状态,重"占有"而不是重"存在"。但不用悲观,弗洛姆相信通过文化、心理革命等途径,是可以实现社会的变革、创建一个健全社会的。

从弗洛姆对人类残酷成性的破坏性(恶性攻击)的分析中,萨卡"相信存在克服它的可能性,或者至少大幅度地减少它的可能性",因为它是由性格而不是本能决定的,即它能够随着社会、经济和政治环境的改变而改变。而且,弗洛姆"理智"地相信,人类的未来是有希望的,这种信任"是建立在对所有相关证据的认识基础之上的"。这些理论给予萨卡充分的信心,认为弗洛姆对人类的攻击和破坏的分析是令人信服的,但存在一个问题,就是人们对"切身利益"的理解。萨卡将"切身利益"的范围扩大到不仅包括满足人类基本需求的食物等产品,也应包括满足工业生产和消费模式需求的资源。

弗洛姆希望,在未来新社会"发展过程中",能够形成具有伟大品质的"新人",因为"只有从根本上改变人的性格结构,抵制重占有的价值取向和发扬重生存的价值取向,才能避免一场精神上和经济上的灾难的降临"。② 但他的观点没有得到萨卡的赞同。萨卡的观点是,虽然道德的发展有人类天性的局限,但贪婪、利己主义、对权力的渴望、等级制等,并非人类生而有之的,但人类慷慨的能力无论在原始狩猎、采

---

① [美]埃里希·弗洛姆. 逃避自由 [J]. 刘林海译. 上海:上海译文出版社,2015:139.

② Erich Formm. *To Have Or To Be*? [M]. New York:The Continuum Publishing Company,2008:p.137.

集者的生活还是现代日常生活中却是可以亲眼看到。即人类的道德进步是可能的。

接着，萨卡分析了"道德新人"的形成过程。他认为在一个工业社会里，是无法形成这种"新人"的，因为"道德进步是成功避免灾难的前提条件。生产力的发展将不会带来道德进步。相反，道德进步是阻止生产力的发展所必需的"。① 在道德进步问题上，萨卡明确反对马克思主义相信的财产关系的演变与道德进步之间的必然联系，明确反对改良主义者提出的"道德的发展也有人类天性的局限"，也不认同道德进步能够通过基因突变而实现的观点。萨卡认为，"对外部环境和需要的简单适应"不仅能促进道德进步，而且能够"传给下一代"。在不远的将来，当人类面对战争、饥荒、流行病、生态灾难甚至有计划的种族灭绝等危机时，只能被迫去适应需要以维持生存，这时"合作、团结和平等"等原始人类的一些性格特征"将再次成为必需"，"而那就是新人"。②

萨卡"合理地期望"，在不远的将来，稳定在较低水平上的生产势必使人们之间的经济差距将微不足道，消费也因此维持在一个较低的水平上。在生态社会主义分散的经济单位中，因为生产单位规模小，"地方社区在很大程度上是自我供应和自我负责的"，一个地方社区的福利显而易见地依赖于每一个成员的真诚工作。"社会主义首先是一种道德哲学，它以一系列道德价值和道德原则为基础。在一定程度上，社会主

---

① Saral Sarkar. *Eco-socialism or Eco-capitalism* [M]. London and New York：Zed Books，1999：p. 269.

② Saral Sarkar. *Eco-socialism or Eco-capitalism* [M]. London and New York：Zed Books，1999：p. 270.

义也是一种经济理论,这种经济理论是次要的、附属于哲学的"。① 萨卡强调,当每一个人都意识到是为了自己、为了社区而工作,真诚工作成为人们正常的期望和人生价值的体现,工作成为生活的第一需要,社区敬重那些不要报酬而努力工作的人,懒惰或堕落的人不仅是可耻的而且还会受到社会控制,所以人们将会真正地、充满兴趣地去工作,"各尽所能"变成了现实。萨卡还联系当今世界现实,指出失去工作的人尽管不愁福利待遇,但仍然感到悲伤,而从事没有报酬却富有意义的工作的人,又是多么快乐。他还强调了榜样的力量,希望国家和社区的领导人能够提高觉悟,努力发挥榜样的作用。

二、"简单生活"是实现生态社会主义的可行途径

在生态学马克思主义的思想体系中,较为突出的一个观点是"人的满足最终在于生产活动而不在于消费活动"。② 围绕这一理念,生态学马克思主义者首先针对消费领域,提出了切断"更多"与"更好"之间的联结、建立"更少"与"更好"之间的联结基本要求;在生产领域,提出的基本要求是让每个人都拥有施展才能的岗位,通过自主性行为让每个人获得满足。

在探寻实现生态社会主义通达之路的过程中,萨卡秉承了生态学马克思主义者的普遍观点,认为在现实社会中充斥着生产和消费的"非正义"——以交换价值而不是使用价值为目的进行商品生产、把"虚假需求"的满足等同于消费。在这个过程中,"我们奴役自然,为了满

---

① [爱尔兰] 维多里奥·布法切. 21世纪的社会主义模式:自由社会主义、民主社会主义和市场社会主义 [J]. 洪燕妮译. 国外理论动态,2015 (1):75 - 82.

② 陈学明. 谁是罪魁祸首 [M]. 北京:人民出版社,2012:539.

足自身的需要来改造自然，结果是自然界越来越多地遭到破坏。想要征服自然界的欲望和我们对它的敌视态度使我们变得盲目起来，我们看不到这样一个事实，即自然界的财富是有限的，终有枯竭的一天，人对自然界的这种掠夺欲望将受到自然界的惩罚"，① 即是人所共知的全球性生态危机的爆发。萨卡指出，如果人类不想毁坏自己赖以生存的地球生态环境，如果人类想避免在争夺资源——土地和水、石油、天然气、铁矿、木材等——的战争中毁灭的话，我们必须接受"将不再允诺不断增加的财富和过度提高的生活标准"的生态社会主义。

关于生态社会主义理念，萨卡认为没有必要区分需求、需要、满足和经济利益之间的复杂区别，而在这个问题上"佩珀正饱受着旧幻想的折磨"，"高兹显然相信神话"，他们的看法实际上是"绿瓶里的老酒"。萨卡同意马歇尔·萨林斯（Marshall Sahlins）的观点，认为如果物质要求或需求没有超过自然条件所能给予的程度，人们就能享受到一定程度的物质丰富。因为我们不可能"吃掉蛋糕的同时还拥有蛋糕"。萨卡认为，我们"必须接受一种谦卑的生活风格（方式）"，② 有必要"发起一场简单生活方式的运动"，这种运动必须建立"在生态观的基础之上，激发人民的平等、正义感，呼吁第三世界的团结，注意去关心子孙后代的利益；也必须为充分就业和社会保障而斗争，这一运动必须连续不断地进行下去；为了从世界市场做出一些撤退，也为了一定程度的保护主义——目的就是生态和就业"。③

---

① ［美］弗洛姆. 占有还是生存［M］. 关山译. 北京：生活·读书·新知三联书店，1989：10.

② ［印］萨拉·萨卡. 资本主义还是生态社会主义——可持续社会的路径选择［J］. 郇庆治译. 绿叶，2008（6）：44－47.

③ Saral Sarkar. *Eco-socialism or Eco-capitalism*［M］. London and New York：Zed Books，1999：p. 228.

二、实现生态社会主义是一项长远的事业

当今世界最大的现实是什么？如果我们能够看到难题与危机，回答这一问题就会变得容易点。萨卡注意到，进入 21 世纪的人类，面临的是一个危机四伏的世界，"生态危机与社会崩溃危机是密切关联的，应该被视为共同结构性力量的不同形式展现。……前者源于远远超出地球自身减缓与抑制生态不稳定能力的无节制工业化，而后者则产生于被称为全球化的帝国主义形式"。①

面对难题，今日欧洲乃至世界流行的一种说法，认为克服当前社会危机的出路在于走向知识社会。对于这种说法，萨卡认为没有什么新意，和几年前出现的依赖于科技的发展一样，缺乏充分的现实基础。萨卡的观点是，知识对于工业文明并不具有核心的重要性，只有在由充足而廉价的化石燃料提供的工作舞台上，科学家和工程技术人员的发明创造才能发挥作用。所以，当前最大的现实是繁荣与增长的核心性源泉是化石燃料，它与其他重要但不可更新的资源是"人类在地球上生存的有限嫁妆"，而且是一次性的。2006 年，詹姆斯·洛夫洛克尽管对地球变暖非常悲观，但他仍呼吁采取行动，"让我们勇敢并且不再仅仅考虑人类的需要与权利，认识到我们已经损害了生命地球的健康，因而需要与盖娅和平相处。我们必须在还能理性地做到这一点时采取行动，而不能留给残暴的军阀领导的愤怒民众"。② 萨卡接着说，既然社会主义不

---

① ［美］乔尔·科威尔，［法］迈克尔·洛威. 生态社会主义宣言［A］//郇庆治. 重建现代文明的根基——生态社会主义研究［M］. 北京：北京大学出版社，2010：301－304.

② James Lovelock. *The Earth is about to Catch a Morbid Fever*［J］. The Independent，2006（1）：p. 16.

会自动出现，我们必须为自己确定一些全新的任务，创建一个与以往不同的社会——生态社会主义社会。为此，我们需要现行体制的激烈变革：我们的生活方式、生产商品和服务的方式、我们的人口规模、我们的经济和政治体制、我们的资源利用模式、我们作用于自然的方式、我们组织社会关系的方式，等等。① 要完成这一任务，解决我们当前面临的难题与危机，必须正视生态与经济之间的矛盾，实现减少污染与保护环境的唯一可信的方式，是整体性减少能源消费。

传统马克思主义主张，未来社会主义产生的"物质条件"是高度发达的工业社会，因为资本主义制度已成为生产力发展的桎梏，所以它必须被推翻。然而，萨卡指出，当我们观察当今的资本主义世界时，大规模与迅速发展的生产力不仅没有因资本主义制度而受到阻碍，却因它本身成为人类社会与地球环境的巨大威胁。"所以，当前的任务不是去摧毁任何并不存在的束缚，而是相反，是去限制生产力的发展。因为，在资本主义市场力的推动下，生产力已经成了一种无视其是否有利于人类和自然的相对独立的机制。"② 这一任务在资本主义框架内是不可能实现的，因为它的内在逻辑中包含着增长的冲动，"这一体制作用于自然及其生态平衡时，持续扩大利润的内在要求，使生态系统暴露在严重破坏其稳定性的污染物之中……滥用自然资源，为了资本积累所要求的冷漠无情的可交换性而减少自然的生命活力"，③ 这才是它必须被

---

① Saral Sarkar. *Prospects For Eco-socialism* [EB/OL]. http：//www. countercurrents. org/sarkar310514. htm. 2014 – 5 – 31.

② Saral Sarkar. *Prospects For Eco-socialism* [EB/OL]. http：//www. countercurrents. org/sarkar310514. htm. 2014 – 5 – 31.

③ [美] 乔尔·科威尔，[法] 迈克尔·洛威. 生态社会主义宣言 [A] //郇庆治. 重建现代文明的根基——生态社会主义研究 [M]. 北京：北京大学出版社，2010：301 – 304.

取代的真正原因。萨卡提出，当前人类的任务还包括组织一场有秩序地脱离迷恋增长的运动，自觉地削减人类的经济活动。

如前所述，1915 年，罗莎·卢森堡就已提出了"社会主义还是野蛮"这个著名的口号。现在看来，卢森堡当年提出的严峻选择依然有效。信奉"要么增长，要么死亡"的资本主义世界体制正在历史性地走向崩溃，结果只能是社会主义的，而且是一种能够克服资本带来的上述危机的"社会主义"，这正是我们这一代人的使命。但传统社会主义发展生产力、提高劳动生产率的观点已经过时，基于高度发达工业社会的社会主义观念不再有效，它们必须被环境优先的观念取代。我们需要全新的社会主义的概念，主要表现在：在发展模式上，新型社会主义的首要任务是组织一场依赖可更新资源的经济转型；在社会分配方面，要从马克思主义"从按劳分配到按需分配"转向"从按劳分配到获得不伤害自然的平等份额"。因为与传统的马克思主义观念不同，生态社会主义不需要快速发展而且发达的社会生产力，据此，萨卡认为"实现上述新社会主义任务的物质条件早已具备：充足的可更新能源和中间的、劳动密集型技术，以及易得的控制人口增长的技术"。[①] 甚至可以说，生态社会主义的客观必然性已经存在。

但令萨卡担忧的是，虽然大多数人已经意识到前述危机，并强烈呼吁建立新的社会制度，但大多数人并没有做好接受生态社会主义设想的主观准备。在未来的社会里，将不再有进一步物质繁荣的任何承诺，大多数人必须接受比现在低得多的物质生活水平，人们将必须克服自私，为了集体利益而牺牲个人利益，愿意接受物质平等的社会目标。因为，

---

① Saral Sarkar. *Prospects For Eco-socialism*［EB/OL］. http：//www. countercurrents. org/ sarkar310514. htm，2014 – 5 – 31.

在处理经济发展和环境保护的关系方面，人类并不是一个统一的整体，无论是旨在抑制全球变暖的八国峰会还是控制温室气体排放的《京都议定书》，总有国家以本国发展为由拒绝承担更大的责任。所以，萨卡认为生态社会主义初看起来"近期的前景并不乐观"。担忧之余，萨卡也欣慰地看到，即使在发达的工业化国家，也可以找到一些"积极的迹象"：人口规模的下降或停滞、自愿地过中等标准的生活、学者对即将到来的经济萎缩的警告、对"稳态"经济的设想、大多数人对廉价石油时代结束之后和全球变暖中生活的担心。但可悲的是，人们仍然在资本主义的框架内思考问题。萨卡设想，将来某一天，当政府被迫告诉公众经济收缩开始了、必须做出实质性牺牲时，只能引入某种配给制来分配关键性商品、服务和工作，以满足高度政治化的公众公平享有和分担的需求，萨卡将其理解为"迈向一种生态社会主义社会的重要一步"。

相比之下，萨卡认为"生态社会主义的前景在相对贫困的第三世界国家中会好一些"，理由是这些国家的人民当前的生活方式与理想的可持续生活方式差距较小。他提到了委内瑞拉和玻利维亚等国家，但他也对这些国家提出了批评，指出这些国家的领导人仍局限于旧社会主义的思维、忽视环境保护、迷恋于技术进步，这些国家"最令人担忧的一个方面无疑是人口增长"。所以，萨卡认为我们仍然可以思考的是生态社会主义的长远前景。

萨卡从批判目前流行的市场社会主义入手，侧重描绘了未来生态社会主义的构想，特别强调了平等合作团结的价值取向和真正的发展的可持续性，并从经济、政治、社会、国际贸易、动机难题等方面阐述了生态社会主义的基本议题。在此基础上，萨卡呼吁无论是发达国家还是发展中国家，必须正视实现当前社会可持续发展的危机，并对生态社会主义社会的前景做了悲观的展望。尤其可贵的是，虽然面临着诸多不利的证据和不确定性，但萨卡一再强调，人类比以往更加迫切创建一个健全的人类社会和一种生态经济，而且"我们必须坚持：决不言放弃"。①这是一个很有创意的思想，体现了萨卡作为一个生态社会主义者和生态马克思主义者的基本立场。

我们应该看到，萨卡的生态社会主义理论诉求在中国特色社会主义实践中得到了积极的反响。中国共产党在领导中国特色社会主义现代化建设过程中，充分汲取了苏联和西方发达国家工业化过程中生态环境危机的经验教训，借鉴了它们在生态环境治理和保护方面的新思想、新理论和富有创新性的做法，并结合我国特点而消化吸收。鉴于此，我国提出并落实了"科学发展观""社会主义生态文明"等全新理念，并将生态文明建设融入中国特色社会主义建设的总体布局中，强调以人为本的发展理念，提出人与自然的和谐，为人类社会的未来发展提供"中国道路"和"中国模式"，用中国特色社会主义生态文明建设的伟大成就引证萨卡的生态社会主义命题。

---

① ［印］萨拉·萨卡. 生态社会主义还是生态资本主义［M］. 张淑兰译. 济南：山东大学出版社，2012：22.

第五章

对萨卡生态社会主义思想的评析

在当今世界，生态环境危机及其治理被公认为人类在 21 世纪最具挑战性的难题之一。直面现实，生态社会主义者坚持马克思主义的基本立场、观点和方法，反思传统意义上工业化发展方式，探求生态危机的深层次原因，希冀寻求一条行之有效的解决生态危机的途径，生态社会主义者的努力显然具有重要的理论价值和现实意义。

萨卡秉持生态社会主义者一贯的激烈的社会批判立场，对资本主义社会特别是充满幻想的"生态资本主义"理论进行了尖锐抨击，同时他还独到地从生态学视角反思了苏联模式社会主义的失败，开辟了生态社会主义研究的新视域。萨卡以自己独有的角度对人与自然、人与社会以及人与自身的关系进行了深入思考，并在对人类自身发展道路、发展方式的反思过程中提出了一些发人深省的新见解，具有重大的理论和现实价值。但必须正视的是，由于萨卡的基本指导思想是西方马克思主义而非经典的马克思主义，再加上特定的历史条件和复杂的现实状况等缘故，萨卡的生态社会主义理论不可避免地存在一定程度的局限性和不足，需要我们运用马克思主义的基本原理和方法来客观公正地甄别。

第一节 萨卡生态社会主义思想的价值

随着生态环境问题的日趋严重和人们环境保护意识的日渐觉醒，生态社会主义无论是作为一种社会思潮还是政治运动，其影响逐渐从欧洲走向世界，成为西方马克思主义和新社会运动中具有国际性影响的流派。作为其中重要的代表人物，萨卡对传统的社会主义模式、资本主义工业文明和形形色色的生态资本主义进行了无情的揭露和批判，深刻剖析了传统社会主义忽视资源极限和当代资本主义唯利是图的本质，提出了一系列关于如何处理好人、自然、社会之间关系的独特见解，具有重要的理论价值和进步意义。

一、萨卡生态社会主义思想的理论价值

经过几十年孜孜不倦的艰苦探索，萨卡逐渐形成了一套较为完整的、系统的生态社会主义理论，尤其20世纪90年代以来，他的政治主张更加完善，经济思想更加务实，社会分配思想更加注重公平正义，都具有重要的理论价值和借鉴意义。

（一）生态政治价值

在人类社会发展的历史进程中，萨卡指出人类当前面临的和在可以预见的将来都要面临两大难题：一是如何克服生态危机，二是选择资本主义还是社会主义。世界上的其他问题和议题，诸如自然资源、人口规模、男女关系、种族歧视、世界不同种族与不同文化之间的关系等，无论直接的还是间接的，所有这些问题和议题都与下面这两个宽泛的孪生

目标相关：克服生态危机、创造一个美好的人类社会，并且只有在克服生态危机之后，一种美好的人类社会才能实现。但人类进入了 20 世纪80 年代以后，世界却进入了一种没有前途的混乱局面——苏联模式社会主义宣告失败，社会主义已有发展道路不再有效；门派众多的环境保护主义虽然声势浩大，但研究价值基本限于理论层面；现存资本主义面对环境困境东奔西突，也未从根本上给人类发展带来真的希望。我们必须消除这种混乱并勾画一个明确的前景，"创建一个健全的人类社会和一种生态经济，已不再是梦想的事情，因为它们已经成为人类生存的必需"。①

为此，萨卡提出我们需要"一种综合的理论、一种综合的分析"，"需要一场范围广泛、内容全面的社会运动"。从当今世界的现实出发，通过对已经失败的苏联模式的社会主义和形形色色的生态资本主义理论的分析，萨卡深刻批判了在人们的思想中存在着两种非常普遍的幻想：一是认为科技的进一步发展和强化应用，能够克服生态危机、拯救工业社会并保持社会的可持续发展；二是认为一些局部性的革新如污染许可证、生态税等，会使生态资本主义奏效。萨卡认为，无论在资本主义还是"传统的社会主义"制度框架内，生态危机都无法从根本上得以解决，因为在上述任何一种社会制度内，"生态与工业经济的矛盾""正义与社会福利"这些社会的基本矛盾无法根本解决，所以"生态社会的市场经济""工业社会的生态重组"等概念在萨卡看来都是幻想，除非我们用社会主义（并非福利国家）的方式来解决社会问题，否则是没有希望克服生态危机的。基于此，萨卡提出了一个不同的解决方

---

① ［印］萨拉·萨卡. 生态社会主义还是生态资本主义［M］. 张淑兰译. 济南：山东大学出版社，2012：3.

案——"可以称作是'激进的生态社会主义',它既不是市场经济（我认为市场经济只不过是资本主义的一种婉转说法），也不是工业社会"。①

为实现这一目标，萨卡指出应开展具体的生态政治与社会主义政治这两种运动的结合，"激进的社会主义者和共产主义者现在可以加入生态社会主义运动了，去从事一项崭新的历史任务"。② 之所以是"崭新"的历史任务，在于生态社会主义运动与以往的社会运动包括社会主义运动在内"存在一个根本的差异"：以往运动中大多数社会问题能够通过经济增长解决，而如今的生态社会主义运动却基于在经济收缩的观点之上，人们"绝对不能在吃掉蛋糕的同时还拥有蛋糕"。因此，人类必须做好牺牲奢侈和安逸的准备，有必要发起一场简单的生活方式的运动。要在生态观的基础之上，激发人民的平等、正义感，在国内严格地控制资本和市场，并从世界市场做出部分撤退，同时呼吁第三世界的团结，注意去关心子孙后代的利益。整体而言，"人与人的关系和人类的行动以及民众与国家之间的关系，都将有一个巨大的进步。至少，这种进步的可能性将增加"。③

当前，人类社会面临生态危机的严峻挑战和文明转型的历史机遇，生态文明作为社会文明的新形态，是人类在后现代文明时代背景下对人类文明未来可能状态的激情想象。基于对现有社会制度发展道路的分析，萨卡初步探索出未来社会的发展途径——生态社会主义：生态政治

---

① ［印］萨拉·萨卡. 生态社会主义还是生态资本主义［M］. 张淑兰译. 济南：山东大学出版社，2012：4.
② ［印］萨拉·萨卡. 生态社会主义还是生态资本主义［M］. 张淑兰译. 济南：山东大学出版社，2012：235.
③ ［印］萨拉·萨卡. 生态社会主义还是生态资本主义［M］. 张淑兰译. 济南：山东大学出版社，2012：245.

和社会主义的结合。在这种萨卡称之为的"好社会"里，真正的生态经济在社会主义的社会政治环境中运行，人们尊重自然、合理而有计划地利用自然，人类既不是自然的奴隶，也不会把自然当作任意驱使和盘剥的对象；社会主义所代表的价值观——正义、平等、合作、团结、道德准则等得以彰显，每个人都能得到有意义的工作，阶级和男女之间的剥削、冲突和压迫将不会存在；国家内部和国家之间的和平可能性将增加，世界人民的友好关系成为可能。

（二）社会公平价值

人类社会发展的现实表明，迄今为止从未实现过真正的平等。萨卡明确宣称，自己反对资本主义剥削、贪婪的价值观而拥护社会主义平等、合作、团结的价值观。在萨卡的理论视野中，社会公平被置于非常高的地位，是社会主义优于资本主义的主要特征之一。关于苏联模式社会主义的失败，萨卡认为"共产党员中新的剥削阶级的出现，共产党乃至整个'社会主义'社会的道德沦丧"是这种制度失败的另一个主要原因，因为这意味着社会公平的丧失。在现实的社会主义建设实践中，对于收入差距问题，萨卡将其概括为就像钟摆运动那样，在平等主义和非平等主义之间摇摆。随着"新阶级"的出现，虽然确实存在着一个强烈的平等主义趋势，但实际上"统治者追求的是工人、工程师、医生、企业经营者，以及诸如此类的人的平等主义政策，但没有新阶级与社会其他成员的平等主义"。① 在工业资本主义社会中，萨卡指出无论在一个国家内部还是在南北关系上，平等都是不可能实现的，主要原因是资本主义的原则是自私自利和贪婪，这与平等的理性甚至是限制不

---

① [印] 萨拉·萨卡. 生态社会主义还是生态资本主义 [M]. 张淑兰译. 济南：山东大学出版社，2012：69.

平等的理性，是完全不兼容的。萨卡强调社会公正，要求改变以往社会中人与人之间的不平等关系，力争实现人与人、人与自然、人与社会之间的和谐，认为只有在生态社会主义社会才能真正解决社会公平问题，才能从根本上解决环境公平问题。

萨卡制定的可持续社会的总目标，就明确包括"必须保证社会政治的平等并把经济的不平等降低到可以容忍的程度"，并将其作为最高目标。在制定生态社会主义的政策时，萨卡指出，无论在经济收缩期还是低水平稳态经济中，"收入的平等不仅是一种理想，也是一种必需"，① 不仅在经济领域，而且在政治领域，其目的是为了社会有能力保障所有人获得最低限度的商品与服务和预防社会冲突的升级。更进一步，既然所有的事物是相互联系的，所以萨卡建议我们在采取地方行动时"必须有一个世界的视野，也必须以一个世界为原则和理想"。② 萨卡甚至还担忧，由于未来的生态社会主义所主张的经济收缩不是真正受欢迎的，对这一进程的强烈反抗可能远远超过今天对环境保护主张的反抗，甚至会带来一定程度的混乱和崩溃，所以我们期望更高水平的民主时，不能否认有专政的危险。

社会公平是人类最朴素也是最难以实现的福祉，是古往今来任何一种先进的社会孜孜追求的美好愿景。在生态危机日益威胁人类生存的紧迫形势下，萨卡明确提出要反对利己主义、强调集体意识，认为当前的生态危机即是根源于人类根深蒂固的不平等思想。他强烈反对国际关系中的霸权主义和强权政治，批评正是发达资本主义国家的生态帝国主义

---

① [印] 萨拉·萨卡. 生态社会主义还是生态资本主义 [M]. 张淑兰译. 济南：山东大学出版社，2012：219.

② [印] 萨拉·萨卡. 生态社会主义还是生态资本主义 [M]. 张淑兰译. 济南：山东大学出版社，2012：15.

行径造成了生态危机的全球性蔓延，更是加剧南北矛盾和世界的不平等的主要因素。萨卡竭力呼吁全社会、全人类共同树立生态意识和社会公平观念，致力于建设一种可持续发展的、和谐的国际经济、政治新秩序。在此不难看出，萨卡思考生态危机问题时不仅具有全球性视野，而且充满对人类未来高度关注的情怀。

（三）社会主义"新人"价值

就一般意义上说，生态社会主义的实现还存在动力机制难题。相比较于传统社会主义和资本主义生态文明而言，生态社会主义所代表的必然而且肯定是一种质的变化，而这种变化是很难仅仅依靠量的积累来实现的。传统社会主义的失败和生态资本主义的虚幻性告诉我们，传统社会主义者更偏重的现代社会中的边缘性群体例如无产者或工人阶级，已经越来越变成现代社会的依附者而不是变革者或"革命者"；当代社会主义者包括部分生态社会主义者试图建立政治边缘性群体与生态意识先进群体之间的联盟的努力，至少从目前来看并不成功。①

在萨卡看来，"社会主义主要是一个人类间关系的问题"，生态社会主义构想的依据是人们能够克服自我利益，而且道德进步是可能的。所以他另辟蹊径，希望所有关心人类与自然命运的人都要努力成为生态社会主义理想的积极实践者。具体而言，萨卡将未来社会制度的建立寄希望于"新人"。首先，萨卡论证了"新人"产生的可能性，指出利己主义、对财富贪婪、对权力和地位的欲望等并非人的天性，人类学的证据表明平等、互惠、慷慨的能力是人类被掩盖的天性。所以，道德进步是可能的，而"道德进步是成功避免灾难的前提条件"。其次，"新人"

---

① 郇庆治. 社会主义生态文明：理论与实践向度 [J]. 江汉论坛，2009 (9)：11 – 17.

是"在新社会的'发展进程中'形成"的，二者是同一个过程的两个方面、两种结果，即在未来社会由于采用了中间技术之后，人们为了生存必须去适应生态和资源的需要，由此"新人"就形成了。最后，萨卡明确提出，"未来这种适应，原始人类的一些性格特征将再次成为必需，即合作、团结和道德，而那就是新人"。①

萨卡关于社会主义"新人"的思想具有特别的意义和价值。他不仅辩证地批判苏联模式中社会主义"新人"蜕变，还从人类学视角重新定义了"新人"概念，并将道德进步视为社会主义"新人"的必备素质，看到了人的主观能动性对社会发展的影响，一定程度上体现了历史唯物主义对人民群众力量的重视。

总而言之，萨卡在几十年的不断探索中，形成了一套较为完整的生态社会主义力量，尤其是 20 世纪 90 年代以后，其政治主张更加贴近现实，对传统社会主义失败的生态学分析和对生态资本主义的深刻批判是其理论的重要亮点，对当代各国解决当前日益严重的生态环境问题、对中国特色社会主义生态文明建设都有着非常重要的启迪和借鉴价值。

二、萨卡生态社会主义思想的现实意义

生态社会主义的最显著特征就是主张把"保护生态"和"社会主义"内在统一起来、把环境保护和深化改革结合起来，创造一个安全宜居的生存环境。萨卡的生态社会主义思想既立足于对已经"崩溃"的苏联模式社会主义和充满虚幻性的生态资本主义的理论分析，又立足于自己参与的德国绿色政治运动。萨卡对生态危机根本原因的揭示、对

①　［印］萨拉·萨卡. 生态社会主义还是生态资本主义［M］. 张淑兰译. 济南：山东大学出版社，2012：281.

新的社会主义发展途径的开创性探索、对当代马克思主义的发展和进一步完善，彰显着丰富的现实意义。

（一）资本主义生产方式是生态危机的根本原因

关于生态危机的根本原因，自然科学领域和社会科学领域的各个派别众说纷纭，有的轻描淡写或闪烁其词，有的任意栽赃甚至坚决否认。在这一问题上，生态社会主义毫不含糊地指出，资本主义生产是生态危机的总根源，环境恶化是资本积累本性和利润最大化的必然结果。不仅如此，作为当前生态危机罪魁祸首的资本主义的生产方式，还是全球性生态环境持续恶化的主要推手。

相比于一般的生态社会主义者，萨卡认为不应简单地从资本家本人的自私、贪婪的本性中去探寻生态危机的根源，也不能拘泥于科学技术、异化消费等表层现象，而应深入到资本主义的生产方式中去。萨卡指出，"资本主义的逻辑与可持续经济的逻辑二者之间，存在着根本性的矛盾"，"资本主义经济具有一种内在的增长动力"，① 生态危机实质上是人类思维方式危机和价值观危机。这是因为，现实社会中普遍流行的机械自然观把人和自然"二元化"，把自然看作没有生命，可任由人类随意拆解、重组和控制的消极客体。在资本主义生产方式中，就一个国家内部而言，每一个资本家主观上都"希望赚得更多"，资产阶级不可能说"足够了"。这就决定了，资本家必然将自然视为可肆意攫取高额利润的对象，加剧对自然资源的争相掠夺，甚至保持一种敌视的态度，最终导致资本主义生态危机。随着资本家"将其利润的较大部分用于扩大企业"，资本主义的生产方式中"成本外溢"现象加剧，资本

---

① ［印］萨拉·萨卡. 生态社会主义还是生态资本主义［M］. 张淑兰译. 济南：山东大学出版社，2012：157.

主义企业总是想方设法将部分成本特别是污染治理成本转嫁给别人或社会，从而进一步加剧了对自然的破坏，正如佩珀所言，"在资本主义经济中，对自然资源的肆意掠夺不计后果，这是一个不可更改的趋势"。①从客观上看，资本主义世界有一条残酷的铁律：优胜劣汰，谁的生产规模不够大，谁就会被挤出商业圈，特别是当前随着生产效率的提高，平均利润率越来越低。在这种情况下，每个资本家更会不遗余力地扩大生产规模，以保持自己的竞争优势，生态环境恶化就成为必然。放眼全球，萨卡注意到，生态殖民主义加剧了全球生态危机。自 20 世纪八九十年代以来，为了保持经济增长，多数国家顺应了全球化的潮流。在这股潮流中，个别发达国家通过进口别国的资源，生产出高"附加值"的产品再出口，从而宣称破解了生态危机、实现了"可持续发展"。萨卡尖锐地指出，这实际上是以另外一个国家的不可持续性作为代价的"可持续性"，"它至多是一种零和游戏，更多的是一种负和关系"。②因为所有国家做到这一点，是不可能的，其最终结果只能导致生态危机的全球性扩散。

概言之，萨卡既关照到资本家个体愿望又关照到资本主义经济规则，既关照到民族国家内部又放眼全球化潮流，一针见血地将生态危机的根源归结为资本主义制度及其生产方式，强调资本主义生产方式是资本主义乃至世界性生态危机的根本原因，不得不说他对这一问题的理解更为精准和深入。而且，萨卡还揭示了全球化背景下，资本主义对发展中国家"生态掠夺"的卑劣行径。萨卡通过对资本主义生产过程的批

---

① David Pepper. *Eco-Socialism*：*From Deep Ecology to Social Justice* ［M］. London and New York：Routledge，1993：p. 90.

② ［印］萨拉·萨卡. 生态社会主义还是生态资本主义 ［M］. 张淑兰译. 济南：山东大学出版社，2012：162.

判揭示了生态危机的深层次原因，这有助于我们全面认识当代资本主义及其新变化，特别是他提出的生态危机的解决途径虽然有所偏颇，但有助于我们全面把握全球化的影响，进一步认清生态帝国主义的本质，有助于世人树立正确的态度，以清醒的头脑迎接全球化的浪潮。

（二）生态化是社会主义的基本发展方向

萨卡坚信，生态危机的总根源是资本主义本身。因为在资本主义框架内，利润最大化与增长极限之间的矛盾、资本逻辑（经济理性）与生态逻辑（生态理性）之间的矛盾都是不可调和的，由此导致生态危机在资本主义体系内不可能得到解决。另外，传统社会主义失败的惨痛教训和当前市场社会主义的诸多弊端表明，当前的社会主义制度也必须做出某种改变，"一个社会主义社会并非一定是工业化社会。这其中没有必然的逻辑联系"，"在现存文明的废墟基础上，也许根本不会建立一个可持续的社会主义。"① 总之，在萨卡看来，人类文明必须做出某种重大转向。

萨卡多次强调，自己"拥护社会主义"，主要是因为社会主义所代表的价值观与人类社会的追求是一致的。所以，萨卡的态度很明确，就是社会主义仍然有前途，但它必须学好生态这门课，必须处理好经济社会发展与生态环境承载力之间的关系。萨卡首先批评了很多生态社会主义者只不过是"绿瓶里的老酒"，佩珀正饱受着"满足每一个人的需求"的旧幻想的折磨，高兹却在认识到增长的极限的同时相信技术革命的神话。然后，萨卡又剖析了以奥康纳为代表的"增长范式的马克思主义的社会主义"，指出后者会使马克思主义对资本主义的分析得到

---

① 萨拉·萨卡. 当代资本主义危机的政治生态学批判 [J]. 申森译. 国外理论动态 2013（2）：10 – 16.

丰富和发展，但他们并没有回答"什么类型的社会主义是可能的"这个重要问题。

基于此，萨卡相信社会主义和生态主义的"综合"不仅是可能的，而且是社会主义者和生态主义者的共同目标所必需的。当然，前提是社会主义者能够真正吸取生态教训，这样社会主义的本质才可能摆脱它的"反生态"包袱，这两个前提条件在萨卡看来是"完全可能的"。另外，萨卡指出，"生态政治除非与平等主义、社会主义的反剥削思想实现综合，否则，它只能在很大程度上以一种肤浅的形式变成当前世界经济秩序中一个不可缺少的组成部分"，① 这不仅是我们的理想，其中还包含着具体的、合乎逻辑的必要性，即如果没有计划，我们就完全不可能从今天的混乱中有秩序地撤退。

所以，萨卡明确强调唯一正确的框架应该被称作"生态社会主义"，或者说，社会主义的基本发展方向只能是"生态化""绿化"，它基于思考范式的转换，同时也是一种不同类型的社会主义，其他的任何框架说到底都只是生态资本主义的变种，至少在转型期如此。

（三）"一个世界"是根治生态危机的根本原则

众所周知，生态环境问题没有国界、意识形态之分。用萨卡的话来说，就是世界虽然多样，但"地球只有一个"，所以在生态危机治理中，"整体论""全球性思考"等说辞就成为通俗的流行语或口号。但萨卡要人们注意，"事实上，当我们不作为完全独立的个体去思想和行动时，我们的角色大多数是印度人、英国人或俄国人，等等"。② 出于

---

① ［印］萨拉·萨卡. 生态社会主义还是生态资本主义［M］. 张淑兰译. 济南：山东大学出版社，2012：209-210.

② ［印］萨拉·萨卡. 生态社会主义还是生态资本主义［M］. 张淑兰译. 济南：山东大学出版社，2012：14.

对民族/种族的忠诚，人们仅关注自己生活和工作其中的特殊地方的生态环境，萨卡指出，即使是像作为一个整体运转的欧盟，在共同关注的生态领域，也会因为成员国之间不同的民族忠诚而存在巨大的困难，富裕的意大利北方也希望同"贫穷的"南方分离。就现实世界来看，萨卡认为"并行存在着两种相反的趋势"：日益强大的经济全球主义和走向分离的多种族政治实体。这时因为，实为"地方爱国者"或"单一议题的活动家"的人类，会打着差异、多样性、传统、文化或种族身份的旗号单边行动，这时环境保护实质上是狭隘的地方行动，整体论沦为空谈，"一个世界"的思想是被诅咒的。

从另一个角度，萨卡告诉人们不应盲从"一个世界"的口号，"一个世界"并不一定意味着跨国公司、世界银行、世界贸易组织、国际货币基金组织等这样的概念。虽然世界被分为许多国家，尽管有一些微不足道的差异，但世界各民族只不过是同一人种的如此众多的变形而已，所有的民族都互相学习，因为"我们之间的相似性，远远大于我们之间表面上的差异性"。① 对所有民族来说，自然法则是一样的，当前最重要和最切实的目的是解决全球的生态问题。因此我们应该坚持一个世界的原则，即使未来区域性经济在很大程度上能够自给自足，"必须有全球的合作"。

总之，萨卡强调"一个社会主义者必须同时是一个国际主义者"，如果我们希望避免生态和人类的大灾难的话，就必须创造团结，这不仅是因为所有的事物都是相互关联的，更是为了人类共同的未来。我们应该关心的是人类的整体利益，要从"一个世界"的原则和理想出发，

---

① ［印］萨拉·萨卡. 生态社会主义还是生态资本主义［M］. 张淑兰译. 济南：山东大学出版社，2012：259.

在地方行动的基础上形成具有"世界的视野"的政策和纲领，以此维持世界发展的真正可持续性。

在这里，萨卡与同时代的生态社会主义者有明显的不同，他能够站在全球战略高度，以广阔视野和深邃眼光，从整个人类和全球保持人口—资源—环境三者动态平衡的角度出发，强调共同保护生态环境是每个地球村村民义不容辞的责任，呼吁应加强国际间交流和合作，建立全球治理机制应对气候变化，要求人类的重大行动都应以生态文明时代的要求进行顶层设计，畅想在"一个世界"的原则下建立国际政治经济新秩序，保护、修复和改善人类赖以生存的自然生态系统。他的这一理想虽然在目前看起来还可能只是"一种揣测"，但却是人类根治生态危机问题的唯一出路。从1992年里约热内卢地球峰会《联合国气候变化框架公约》的产生到2005年《京都议定书》的签署，再到2015年具有历史性意义的《巴黎协定》的通过，一再证明气候问题的解决离不开国家间的合作，从而也证明了萨卡"一个世界"原则的正确性。

第二节　萨卡生态社会主义思想
对社会主义生态文明的启示

一、社会主义生态文明是中国特色社会主义的发展方向

"生态文明"作为人类文明的新形态，其提出和讨论基于人类对地球自然生态系统及其价值和对社会文明及其延续条件的自觉认识和反思，其目标指向与实践追求必须与具体的社会制度密切结合起来，才能符合基于现实的逻辑基础从而彰显其价值和意义。尽管存在着"环境主义"（相对温和）和"生态正义"（较为激进）的视角及其观点上的差异，"生态文明"仍可大致界定为：一种能够充分考虑并尊重自然生态规律及其客观要求的人类社会化生存及其组织形态。"它集中体现为人与自然、社会与自然，以及人与人之间和平、和谐与共生。"① 中国特色社会主义生态文明建设有其特定而鲜明的中国背景和中国语境，始于20世纪六七十年代的人类文明的转向和欧美及苏东国家的生态文明建设是其逻辑起点和现实基础。在当前中国特色社会主义建设的视域下，科学发展观、和谐社会建设、生态文明与美丽中国具有内在的一致性，更能彰显中国特色社会主义生态文明建设的特有本质。马克思主义认为，社会实践既是人与其他动物之间的本质区别，也是人类安身立命的基本途径。"劳动首先是人和自然之间的过程，是人以自身的活动来中介、调整和控制人和自然之间的物质变换过程。"② 与此同时，实践又是人类社会的基础，"全部社会生活在本质上是实践的"，③ 一切社会现象只有在社会实践中才能找到最终的根源。

原始文明时期，生产规模狭小，社会分工低下，人类的实践活动无论从广度、深度还是实现的程度上看，都很难构成对生态环境的巨大破坏，这时人与自然之间保持着一种"必然的"和谐。随着青铜器、铁器等工具的发明和广泛应用，人类影响自然的步伐不断加快，但对大自然的开采还仅仅局限于农林生态系统，这时人类总体上还是在"顺从"自然。始于18世纪60年代的第一次工业革命把人类文明带到了工业文

---

① 郇庆治，李宏伟，林震. 生态文明十讲［M］. 北京：商务印书馆，2014：2.
② 马克思恩格斯选集（第2卷）［M］. 北京：人民出版社，2012：169.
③ 马克思恩格斯文集（第1卷）［M］. 北京：人民出版社，2009：501.

明时代，人类变成了大自然"真正"的主人。工业文明以工业化、机械化为主要标志，一方面稳固了人类劳动创造的物质文明，另一方面，这种物质文明实际上是建立在不断掠夺自然和"内在地对自然的不友好""成本外在化"基础之上的，而且马克思分析这种"对自然的不友好"内生于整个资本主义生产方式之中。即是说，工业文明将人类社会推入两难境地——人类在享受空前物质文明的同时也在走向自我毁灭。作为一种全新的人类文明形态，生态文明与历史上传统的原始文明、农业文明、工业文明迥然不同：它以人、自然、社会和谐共生为前提，以科学合理的消费理念、和睦共处的人际关系、可持续发展的经济模式为内涵，追求物质与精神成果的高度一致。从人类文明史的发展角度看，"生态文明"未必是自然而然意义上的最优选择，但确实是对人类农业文明和工业文明的批判性超越，一定意义上昭示着人类文明发展的必然转向，也由此构成了社会主义生态文明的逻辑起点。

纵观东西方现实世界，无论是生态文明的理论探讨还是落在实处的实践活动，西方资本主义国家以及苏联和东欧社会主义国家都有着丰富的经验，它们的理论建树和实践经验对于社会主义生态文明的建设具有重大的启示作用。对于资本主义"生态文明"，当今世界所有的生态马克思主义者异口同声地表示了质疑或反对，在不同视域对资本主义的"非生态性"进行了严厉的批判，认为生态危机的根源恰恰是资本主义的生产方式及其在全球的扩张，在资本主义制度内是无法解决环境问题的。萨拉·萨卡则重点从政治经济学角度对"生态资本主义""自然资本主义"进行了理论和技术的双重批判，指出资本主义无论是作为一种经济体系还是作为一种世界体系正在走向失败。但无论如何，我们必须承认，当今生态文明提倡的一些核心性要素——公正、制度、可持续等——在欧美资本主义国家的理论界有较丰富的提及和论述，固然不能确定"资本主义生态文明"已成为现实，但"至少可以说，他们有诸多'生态文明'的现象碎片或向'生态文明'转型的趋势"。①

如果从理论角度看，社会主义较之资本主义蕴涵更多的人文关怀和人本思想，经济发展应当是有计划的而非盲目的，因此，社会主义生态文明可以对资本的逐利性和市场竞争的残酷性进行必要的限制。但苏联和东欧社会主义国家的建设则从实践层面印证，"社会主义的理念不能保证自动建立与之相对应的生态友好的价值观念与制度框架"，②苏联模式社会主义的失败就是很好的例子，我们应当从中吸取深刻的教训。这一事实表明，生态文明发展模式的探讨不是建立在经典社会主义话语体系之下，而是应对形形色色的生态文明（建设）进行理论反思和升华，在人类的意义上进行超越性的想象与设计。"我们完全可以说，'社会主义生态文明'概念蕴涵着当代中国现代化发展与文明创新中最为重要的政治想象与动量"。③

生态文明是人类文明发展的一个新的阶段，是贯穿于经济、政治、文化和社会各方面的系统工程，是一个社会文明进步的标志。中国特色社会主义生态文明建设既面临着错综复杂的国际国内环境，又是一项无现成经验可以借鉴的伟大事业。关于社会主义生态文明建设模式，我们必须反对以下三种不当的战略选择：一是停止继续前进回到以前的状态；二是继续按传统模式发展，把生态文明建设看作是未来之事；三是转移、转嫁破坏生态环境的负面效应到其他国家和地区，让它们接受自

---

① 郇庆治."社会主义生态文明"：一种术语学解析［J］. 绿叶，2008（2）：99.
② 郇庆治. 社会主义生态文明：理论与实践向度［J］. 江汉论坛，2009（9）：11 - 17.
③ 郇庆治，李宏伟，林震. 生态文明十讲［M］. 北京：商务印书馆，2014：90 - 91.

然界对人类的惩罚。马克思在展望未来社会的文明形态时这样说道："这种共产主义，作为完成了的自然主义＝人道主义，而作为完成了的人道主义＝自然主义，它是人和自然界之间、人和人之间矛盾的真正解决。"① 社会主义生态文明站在哲学和时代的高度，倡导"尊重自然、顺应自然、保护自然"态度和充分的人文关怀，以人与自然和谐相处为目标，以环境承载力为基础，以遵循自然规律为准则，在最无愧于和最适合于人类本性的条件下发展，致力于构建"人—自然—社会"复合生态系统协调、可持续发展，是新时期马克思主义的新发展。

自十四届五中全会第一次提出"可持续发展"概念至今，"社会主义生态文明"的核心性要素在我国经济社会建设的各个方面、各个领域不断累加、战略地位不断提升。党的十八大报告明确指出："建设生态文明，是关系人民福祉、关乎民族未来的长远大计。面对资源约束趋紧、环境污染严重、生态系统退化的严峻形势，必须树立尊重自然、顺应自然、保护自然的生态文明理念，把生态文明建设放在突出地位，融入经济建设、政治建设、文化建设、社会建设各方面和全过程，努力建设美丽中国，实现中华民族永续发展。"② 为此我们既要以"扬弃"的眼光，众采百家之长，又要对包括中国自身在内的既有社会主义建设进行反思，以促进中国特色社会主义的健康发展。

二、萨卡对中国道路的期待

无论是就当代中国对人类社会文明可能做出的贡献而言，还是就根

---

① 马克思恩格斯全集（第3卷）［M］. 北京：人民出版社，1992：297.
② 胡锦涛. 坚定不移沿着中国特色社会主义道路前进，为全面建成小康社会而奋斗——在中国共产党第十八次全国代表大会上的报告［M］. 北京：人民出版社，2012：39.

本性解决中国现代化进程中所面临的战略抉择而言，"社会主义"和
"生态文明"是我们必须高举的两面旗帜：只有强调社会主义，我们才
能抑制经济市场化竞争所必然带来的资本崇拜与贫富差距扩大；只有强
调生态主义，我们才能真正找到一条可持续发展的道路。而远在欧美，
主要由学者和理论工作者组成的生态社会主义者也对未来的社会主义充
满了憧憬和期待，他们"把中国看作是生态社会主义的'实验场'，期
待中国在全球范围内发挥引领作用和示范效应"。① 有学者认为，在生
态社会主义阵营里，萨卡只能算是非主流学者。但是，不管是主流学者
还是非主流学者，他们的观点都可以从不同的视角对我国的科学发展和
社会主义生态文明建设提供某种参考。其中，萨拉·萨卡给予中国道
路、中国特色社会主义生态文明建设以特别的关注，对中国道路寄予
期待。

依据来自中国媒体和政府部门的统计数据，萨卡指出中国正在为其
快速的经济增长付出巨大的生态与道德代价，同时中国政治领导层和一
般民众也已经充分注意到环境污染的严重性并意识到这种高污染的主要
原因。但是，萨卡对中国社会主义社会的发展目标——高度发达的工业
社会明确表示了担忧。2008 年 5 月，萨卡到中国参加"环境与社会主
义"国际研讨会时，发现"尚没有迹象表明，中国领导人准备修改这
一目标"，而且几乎所有的中国学者把环境友好技术的发展和应用作为
资源危机的应对方案，在萨卡看来这是不可理解的，因为这不是萨卡所
指称的生态社会主义。

在《生态社会主义还是生态资本主义》的"中译本前言"里，萨

---

① 徐崇温. 国际生态社会主义将中国视为"实验场" [J]. 人民论坛.2016（1）：
  62－63.

卡强调苏联虽然取得了迅速的经济增长和技术发展，但付出了巨大的生态与道德代价。关于社会主义建设，中国理应是一个值得关注的个例，因为中国满足解决可能出现的生态与资源危机并创建一个可持续社会的前提条件。萨卡说，尽管中国在过去的几十年里实施了市场经济改革，但中国政府及其领导人仍明确坚持一个社会主义的未来社会，而且依然拥有重新恢复一种计划经济的能力。当然，未来的社会主义和计划经济必须进行重新设计。

所以，萨卡认为，如果中国领导人接受真正的生态社会主义，则比其他国家具有更大的成功机会。这是因为，"首先，中国共产党依然具有对经济与社会的强有力控制……其次，通过计划生育政策，领导层已经采取了一个走向生态社会主义的重要步骤……最后，与富裕的工业化国家不同，大众还没有忘记如何过一种较少物质财富条件下的幸福生活"。① 所以，在谈到生态社会主义的前景时，尽管在发达工业化国家中也能找到生态社会主义某些积极的变革迹象，但相比之下，萨卡认为它在包括中国在内的相对贫困的第三世界国家中成功的机会要更大一些。

三、萨卡生态社会主义思想对我国社会主义生态文明建设的启示

（一）社会主义生态文明建设要培育"社会主义新人"

萨卡在既批判古典社会主义又批判"生态资本主义"的基础上，勾勒出了人类社会未来的发展蓝图——激进的生态社会主义，并将其看作是"真正的生态社会主义"，是"面向21世纪的科学社会主义"。在

---

① 郇庆治.重建现代文明的根基——生态社会主义研究［M］.北京：北京大学出版社，2010：300.

这个有"破"有"立"的过程中，萨卡将人的价值观念的变革作为重要的革命内容，培育"社会主义新人"是生态社会主义得以实现的重要保证。在未来的生态社会主义社会，新人必须与道德顺利结合，借此发挥道德强大的内聚作用。

如同福斯特受到西方理论界的非议一样，萨卡将生态环境的改善和社会发展模式的进步寄托于"社会主义新人"的观点也受到了质疑。其实，从总体上看生态危机的消除是一个错综复杂的过程，不可能仅仅依赖于人的道德提升这一个因素。但无论怎样，萨卡的"社会主义新人"思想对于当前我国生态文明建设过程中转变生存观念，建立正确的生产观、消费观、幸福观具有重要启示，不仅有利于缓解生态压力，也在更为深远的意义上影响着未来的长足发展和人的全面解放。

在一定程度上，萨卡"社会主义新人"思想解决了社会主义生态文明建设的"动力难题"。由此出发，启发我们要做好以下几个方面的工作：第一，要加强人的生存意义教育，端正生态文明建设的最终目的。要从对"社会主义新人"的基本要求出发，不能将单纯的经济贡献作为评价人的价值和意义的唯一指标，要号召劳动者知晓幸福并不源于物质消费，让人们在从事自主的、创造性的劳动过程中寻求生存意义的观念、获得幸福和满足，确立一种和生态文明建设相符合的观念形态、生产方式，建立一种新的生活方式和新的文明样式。借用莱斯的话来说，"这种努力的成功将是自然的解放，也就是人性的解放：人类在和平中自由享受它的丰富智慧的成果"。① 第二，要培育生态社会主义文化，对社会大众开展多层次的生态道德教育。"要提高全民生态文明

---

① ［加］威廉·莱斯. 自然的控制［M］. 岳长龄，李建华译. 重庆：重庆出版社，1993：83.

意识。积极培育生态文化、生态道德，使生态文明成为社会主流价值观，成为社会主义核心价值观的重要内容。"① 具体途径有：要推进学校生态道德教育，将生态道德教育渗透在课程体系建设、校园文化建设和人才培养计划之中，展开持续性、针对性、系统性教育；要加强职业生态道德教育，将生态道德教育体现在职业培训、企业决策中，严格执行节能和环保的相关规定，保持生态道德教育的持续性；要完善社会生态道德教育，通过大众传媒的舆论宣传和普及，增强公众的环保意识；要引入家庭和社区生态道德教育，通过父母的言传身教、喜闻乐见的社区活动，积极推进社区生态公德建设，使居民身体力行节能环保。总之，通过多种途径的共同努力，提高公民的环境保护意识，在部分方面实现萨卡所指的"社会主义新人"，有利于我国当前的生态文明建设。

（二）社会主义生态文明建设需要适度的经济增长"新常态"

经济的适度增长是指一个国家在长期内适当的、正常的经济增长，它理应兼顾满足人的需求与生态环境保护。20 世纪 90 年代以后的生态社会主义者不再坚持"稳态经济"模式，而是主张经济的适度增长，社会主义经济要以满足人的需要而不是利润最大化为目的。在萨卡关于生态社会主义的设想中，他明确写道，"为了实现可持续性，工业经济必须收缩，从而达到一个稳定的状态"。② 在萨卡看来，世界上许多国家所面临的关键问题是追求真正的可持续，这就要求经济发展水平、人民生活水平必须降速。因为，生产力越发达，消耗的资源就越多，可持续的压力越大，唯有通过改良生产关系，才能实现真正的生态社会主

---

① 中共中央国务院关于加快推进生态文明建设的意见［N］. 人民日报，2015 - 04 - 25.

② ［印］萨拉·萨卡. 生态社会主义还是生态资本主义［M］. 张淑兰译. 济南：山东大学出版社，2012：210.

义。在传统社会主义时期，苏联盲目追求高速增长带来了生态环境的巨大破坏，不得不承认这是苏联崩溃的诱因之一。

在中国改革开放以来的 40 多年中，国民经济保持了几十年连续高速增长，也取得了非同寻常的成就。中国用 30 年时间使国民生活水平提高了 7 倍——取得这样的成绩，美国和日本分别用了 122 年和约 80 年。虽然韩国的经济发展速度也非常类似，但中国是在人口超过 10 亿的情况下取得这种成就的。中国的经济发展使 5 亿人脱贫；从根本上说，联合国之所以能实现 2000 年确定的多个千年发展目标，中国的贡献就是原因所在。但另一个不争的事实是，这种成就在很大程度上是借助于高消耗、高投入、低效益、低产出的粗放型经济增长方式取得的，在经济总量和生活水平飞速提高的同时，也造成了大量的资源浪费和环境破坏。痛定思痛，建设资源节约型、环境友好型社会成为贯彻科学发展观的基本要求，是统筹人与自然和谐发展和促进可持续发展的重大举措。为此，近年来我国各级政府和人民群众在心目中基本上达成了共识："经济增长速度并非越快越好，超越国力及环境承载力的增长，不仅会造成经济发展波动和社会的不稳定，而且会带来环境的破坏和资源的浪费。"① 因此，我们要认真借鉴萨卡强调的解决的可持续性的含义，处理好经济发展与生态保护、资源节约的关系，坚持把绿色发展、循环发展、低碳发展作为基本途径。要认识到适度的经济增长不仅是正常的，而且实际上还可被视为取得成就的迹象。要引导我国经济发展进入新常态："增长速度要从高速增长转向中高速增长，经济发展方式要从规模速度型粗放增长转向质量效率型集约增长，经济结构要从增量扩能为主转向调整存量、做优增量并存的深度调整，经济发展动力要从传统

---

① 郑国玉．生态社会主义构想研究［M］．北京：中国社会科学出版社，2015：168.

增长点转向新的增长点。"①

（三）社会主义生态文明建设需要"文化与生态共生"

马克思在论述人与自然的关系时，植物、动物等不仅是自然科学的对象，同时也是艺术的对象，因为"只有在社会中，人的自然的存在对他来说才是自己的人的存在，并且自然界对他来说才成为人"，"社会是人同自然界的完成了本质的统一，是自然的真正复活，是人的实现了自然主义与自然界实现了的人道主义"。② 在这里，马克思提出了自然界人的"无机的身体"和"人与自然的和解"的命题。关于这方面，萨卡从文化视角分析生态问题，认为"现存的所有文化都已经表明，它们无力解决人类今天面临的巨大危机，因为这一危机正是这些文化本身由于疏忽和错误而造成的"，③ 要实现社会的转型，就必须有与之相适应的文化。在萨卡看来，文化可以是多元的，但必须有助于维护生态、与生态本性一致，否则就应该被废弃；这种多元的文化必须遵守生态的律令、平等的律令和允许其他生物生存的律令；这种新的、宽泛的文化只能在生态社会主义的经济和政治框架中产生，但它又是生态社会主义实现的前提和必要保证。在这里，萨卡初步形成了一种"文化与生态共生"的思想，是文化与生态在人类文明发展中实现和谐共荣的积极应对，这种思想是关于人与自然、社会与生态关系的新型思维方式，将属于人类的文化在自然界和人类社会之间准确而客观地定位，以寻求解决生态问题的文化路径。"文化与生态共生于人类实践活动，文化价值与自然生态和谐统一是二者关系的理想图式，超越'经济理性'

---

① 参照李文. 深刻认识我国经济发展新常态［N］. 人民日报，2015－06－02（7）.

② 1844 年经济学哲学手稿［M］. 北京：人民出版社，2000：83.

③ ［印］萨拉·萨卡. 生态社会主义还是生态资本主义［M］. 张淑兰译. 济南：山东大学出版社，2012：281－282.

和'自然理性'的'文化理性'是人类实现这一图式的积极应对。"①萨卡将中国特色社会主义作为最贴近实现文化与生态和谐共荣的理性天地,对中国生态文明建设的文化实践也是一种理论佐证。

由萨卡"文化与生态共生"的图式出发,社会主义生态文明建设要牢固树立尊重自然、顺应自然、保护自然的理念,要把生态文明建设放在突出的战略位置,融入经济建设、政治建设、文化建设、社会建设各方面和全过程;要将生态文明纳入社会主义核心价值体系,坚持把培育生态文化作为重要支撑,加强宣传教育;要将生态文化作为现代公共文化服务体系建设的重要内容,挖掘优秀传统生态文化思想和资源,满足广大人民群众对生态文化的需求。

第三节　萨卡生态社会主义思想的理论局限

一、忽视了"增长极限范式"的不确定性

范式的概念和理论是美国著名科学哲学家托马斯·库恩提出并在《科学革命的结构》中系统阐述的。简单地说,"范式"是指某个"科学集团"或"科学共同体"成员所共享的信仰、价值、技术等的集合。"'范式'一词无论在实际上还是在逻辑上,都很接近于'科学共同体'这个词。一种范式是,也仅仅是一个科学共同体成员所共有的东西。反过来说,也正由于他们掌握共有的范式才组成了这个科学共同体,尽管

① 杨宏伟,徐旖瑶.文化与生态共生图式初探——兼论奥康纳与萨卡的文化生态思想 [J].江西社会科学,2013(10):32-35.

这些成员在其他方面也是各不相同的。"① 可见，某种科学的范式不但决定着整个思维模式，而且范式的突破将导致科学革命，进而影响宗教、哲学和道德规范。当前，范式的概念已被应用到社会科学领域。

萨卡介绍了美国马克思主义者保罗·施韦兹（Paul Sweezy）对马克思主义范式以及"异常现象"的理解。施韦兹从观察到的现实与马克思主义理论预期之间的偏差出发，指出马克思主义理论已经产生了深深的危机，但他并没有把这些"异常现象"归咎于马克思、恩格斯，相反，他认为只要把部分马克思主义置于新的基础之上，就能够"消除令人不安的异常现象"。萨卡对此并不完全赞同。他补充道，社会历史还"包括下面两个最大的、最重要的异常现象：资本主义的生产力在过去/现在都在继续发展，'社会主义'却束缚了生产力的发展"，② 并且认为，"从库恩的意义上讲，马克思主义不再是令人满意的范式。对我来说，新的范式已经显现。只不过需要人们去认识它，严肃地思考它"。③

萨卡断定人类必须从"发展的范式"向"增长极限的范式"转换。迄今为止，发展的范式仍然在最广泛的社会人类学意义上对经济、政治和文化产生影响，仍然指导着经济政策。苏联模式社会主义的崩溃根源于他们仍然在发展的范式中思考，而发达国家资本主义之所以还没有崩溃，是因为它们还没有达到增长的极限。至于许多人试图在两种范式中找到平衡，试图保持经济增长的同时，添加一些保护生态的因素，这在萨卡看来是不可能的，因为发展范式对于未来的想象已经过时，拯救这

① ［美］托马斯·库恩. 必要的张力——科学的传统和变革论文选［M］. 范岱年，纪树立，等译. 北京：北京大学出版社，2004：288.

② ［印］萨拉·萨卡. 生态社会主义还是生态资本主义［M］. 张淑兰译. 济南：山东大学出版社，2012：17.

③ ［印］萨拉·萨卡. 生态社会主义还是生态资本主义［M］. 张淑兰译. 济南：山东大学出版社，2012：18.

一范式是不可能的，必须提出另外的解读。萨卡提出了"增长极限"的范式，指出它比任何其他的范式能对更多的观察现象提供基本的解读。随后，萨卡通过对资源难题、环境破坏、人口爆炸、种族冲突、结构性失业等的解读，力图证明"增长极限的范式"的正确性和包括马克思主义在内的范式的局限性，指出后者错在仍是在发展范式中思考问题。

萨卡批评了当代资本主义和传统社会主义的经济思想和经济发展模式，提出了以生态经济模式取代市场经济、工业经济模式，力图探索一条既能平衡代际需求，又能保护环境、促进人与自然和谐发展的经济发展道路，其主观用意是美好的。但萨卡没有注意到，"增长极限理论"自其出现就引起了学术界的巨大争议，甚至不乏大有反对者。有学者认为，"根本就没有什么自然法则会对地球的生态资源施加某种指数级攀升的压力。持续发展的所谓极限，并不是静止不变的，人类的创造和技术发展会使之不断得到拓展"。[①] 以美国物理学家、未来学家、赫德森研究所所长赫尔曼·卡恩为代表的乐观派则提出"大过渡"理论，认为目前人类碰到的种种"危机"是过渡性的问题，随着科学技术的进步会逐个得以解决。而美国马里兰州立大学经济学家朱利安·西蒙（Julian L. Simon）则认为，增长极限理论"既缺乏根据，又不讲科学，以至于不值得再耗费时间和篇幅来一一加以驳斥"。[②] 从现实角度看，总体上世界经济仍在增长，我们对增长或发展确实应持审慎的态度，但我们有必要弄清楚以下四个问题：一是是否有"增长的极限"？如果

---

① ［美］伯约恩·隆鲍格，奥里维耶·鲁宾. 增长极限论［J］. 靖节译. 国外社会科学文摘，2003（3）：11－14.

② ［美］朱利安·林肯·西蒙. 没有极限的增长［M］. 黄江南，朱嘉明，秦星编译. 成都：四川人民出版社，1985：32.

有，何时达到这个极限？二是世界上所有国家的经济都要停止增长或发展吗？三是如何才能停止发展？四是不增长或发展就一定能有利于生态吗？这些疑问有待历史来证明。

立足当今世界，各国的发展程度不同，许多发达国家已经进入了"后工业化"时期。在它们历时两百多年的工业化进程中，所消耗的资源以及高消费造成的生态系统世界范围内的破坏，远远大于发展中国家。更何况在当前民族国家竞争日益激烈的时代，任何一个国家，特别是发展中国家不可能更不能停下增长的脚步，否则就会落后，甚至被动挨打。所以，萨卡不加区别地要求限制增长，必然会加剧世界范围内的两极分化、不利于南北问题的解决，这对于发展中国家是不公平的。退一步说，萨卡的未雨绸缪是可贵的，但当涉及利益问题时，很少有人具有这种忧患意识，"增长极限范式"起不到有力的震慑作用。

二、摇摆于人类中心主义和生态中心主义之间

在生态哲学和生态理论领域，人类中心主义和生态中心主义一直争论不休，这种争论也出现在生态社会主义领域。一般来说，主张限制增长或"稳态经济"的都有生态中心主义倾向。在萨卡的生态社会主义思想中，他一方面反对经济增长，但另一方面则声称自己坚持人类中心主义立场，实际上是在这两种对立的立场之间摇摆不定。

一方面，萨卡坚决反对经济增长，主张"经济收缩"。萨卡说："今天的科学社会主义必须接受增长的极限这一事实，必须接受熵法则，否则，它就是不科学的。充满幻想的社会主义没有任何用处。"①

---

① ［印］萨拉·萨卡. 生态社会主义还是生态资本主义［M］. 张淑兰译. 济南：山东大学出版社，2012：216

通过对石油、煤、天然气、原子能等不可再生资源与太阳能、风能、水力、生物质等可再生资源的分析，萨卡指出能量的来源既不便宜也不丰富，相反，会变得比以前更稀有、更昂贵，自然资源是有极限的，这就决定了生产力的发展是有上限的，世界经济持续增长也是不可能的。萨卡还对主张经济增长的佩珀、高兹、奥康纳等生态社会主义者和生态马克思主义者提出了质疑，指出他们还是在"增长的范式"中思考问题，都没有意识到"增长的极限"，因而是不科学的。萨卡认为，当今世界多数国家包括很多发展中国家，已无增长或发展的需要，关键的问题是求可持续。因此，他要求发达国家要实施"经济收缩"，从现有的经济发展水平撤退下来，降低生活水平；发展中国家也要控制经济的发展，最重要的是要结束人口的增长。况且，就生态社会主义的实现而言，萨卡主张经济收缩是其实现的主要途径之一，即使"欠发达"的经济也能实现生态社会主义。

另一方面，萨卡又通过对盖娅假说和深生态学的批判说明了坚持人类中心主义的必要性。萨卡认为，盖娅假说有一定的科学依据，它看到了自然的自我平衡能力，但他反对动物权利保护者和生态中心主义者对人类利益的忽视。萨卡指出，既然我们是人类，我们主要应该关心人类的痛苦——所有的物种都是如此，而且人类也是唯一能够抗拒自然选择并试图保护其他物种的物种。因此，积极的生态运动，不必理解成我们是在积极拯救地球的生命，我们需要拯救的只是生物圈中的人和人类及其当前的物种成分。当我们谈及保护环境时，我们的意思是保护当前的环境，使人类在其中能或多或少地感受到如家一般的舒适。这也许是人类唯一能够生存的环境。"因此，无论如何，我们似乎无法避免人类中心主义。"① 正是人类决定了我们的道德义务是什么，也正是我们给予了其他物种生存的权利。人类中心主义不应该成为追求个人、社区乃至国家利益的幌子，而应该真正从人类的整体利益出发。这样的人类中心主义就是一种国际主义。这就是萨卡在理论上高出其他人类中心主义者的地方。

在这里，萨卡一方面高扬人类的权利，指出只有在人类演化的开始阶段，人类与其他物种才是真正平等的，现在这种平等只是一种愿望、理论或道德义务，由此不难断定，在萨卡的视野中，生态保护的最终目的在于维护人类的利益。但当他考察人类社会的发展时，却又要求所有国家为了实现可持续性，"工业经济必须收缩""人们必须接受比今天还低的生活水平"，从而达到一个稳定的状态。客观现实是，人类要维持生存和发展，就必然残杀动物，必然消耗自然资源，这是铁律。所以，从整体上看，因为生态中心主义难以自圆其说，萨卡只能无奈地选择了人类中心主义，充其量是一种"弱人类中心主义"。因为"从心理上，他是排斥那种凌驾于各种生物之上的人类中心主义的"。② 总之，萨卡的生态社会主义思想成长于人类中心主义和生态中心主义的夹缝中，导致其观点不停地在二者之间摇摆。

---

① ［印］萨拉·萨卡. 生态社会主义还是生态资本主义［M］. 张淑兰译. 济南：山东大学出版社，2012：13.

② 陈永森，蔡华杰. 人的解放与自然的解放——生态社会主义研究［M］. 北京：学习出版社，2015：406.

结　语

　　与飞速发展的人类文明相伴而生的，是环境恶化和生态危机日渐成为制约世界各国发展的因素。如何正确认识和彻底化解当前社会发展的生态困境，实现人与自然、社会与自然、人与社会的和谐相处，不仅是人类文明转向的客观要求，更是中国特色社会主义全面发展的现实需要。

　　为了寻求日益凸显的生态困境的解决之道，不同民族、不同时期的理论家、思想们家各抒己见、众说纷纭，他们的思想、观点既有异曲同工之妙，又有跌宕起伏的激烈碰撞。其中，生态社会主义是一朵璀璨之花。生态社会主义是在马克思主义基础上，从资本主义制度的角度去剖析生态危机的根源，探索解决生态危机的路径的，它的核心是论证现代生态环境问题的资本主义制度根源和未来社会主义社会与生态可持续性原则的内在相容性，是对现代生态环境难题的社会主义政治理论分析和未来绿色社会的制度设计及其实现。与生态马克思主义领域研究中的情形不同，欧洲学者在生态社会主义研究方面一直占据着领导性地位。萨拉·萨卡是20世纪90年代中期以来最具代表性的生态社会主义者，他集马克思主义者、社会活动家、左翼环境政治学者等众多身份于一身，丰富的人生阅历使他形成了很多独特的见解和新颖的思想。他以马克思主义批判理论为工具，综合考量社会主义的前途和当前全球性生态危机的消解，在生态社会主义、环境政治、左翼替代理论等领域做了很多重要的探索和研究，形成了独具特色的生态社会主义理论和策略，对其思想展开研究具有重要的理论和现实意义。

本研究以萨拉·萨卡的全部著述为起点，主要运用历时性和逻辑性相结合、原始文本解读与理论分析相结合、个案研究与群体研究相结合的研究方法，系统地梳理了萨卡对生态危机与资本主义内在必然性联系的揭示、对苏联模式社会主义失败原因的生态学分析、对未来社会主义的激情设想，归纳了其关于人类社会发展范式的转换、历史唯物主义和政治经济学的生态学拓展、"激进的"生态社会主义绿色构想等理论。以此为抓手，本研究进一步描绘了萨拉·萨卡与其他生态学马克思主义者在学术谱系方面的关联性，更加清晰地勾勒出当代生态社会主义理论发展的完整图景，更好地把握了国外生态社会主义研究的理论前沿。

难能可贵的是，萨拉·萨卡对于中国特色社会主义具有浓厚的兴趣和持久的关注。在社会主义生态文明建设的时代背景下，通过对萨卡与其他生态学马克思主义、生态学社会主义者进行比较研究，挖掘其在培育"社会主义新人"、适度的经济增长以及"文化与生态共生"等观点的中国意义，更能凸显萨卡生态社会主义思想对于中国道路的独特价值。

在萨卡的生态社会主义思想中，"破"与"立"两条思维主线贯穿始终、相互渗透，表现为"破"中有"立"，"立"中有"破"，"立"基于"破"，"破"服务于"立"。就"破"而言，主要体现在萨卡对苏联模式社会主义失败的生态学分析和对现实资本主义的生态学批判。

一方面，萨卡以独特的视角探讨了苏联模式社会主义失败的生态学原因，指出苏联忽视了增长的极限，所以导致了严重的生态恶化，再加上形成了拥有特权的"新阶级"和全社会的道德沦丧，最终不可避免地导致苏联社会主义的失败。另一方面，萨卡指明了资本增长的逻辑和自然资源的有限性之间的矛盾是生态危机的总根源，在资本主义制度框架内是不可能消灭生态危机的。所以资本主义本质上是"反生态"的。就"立"而言，萨卡首先驳斥了目前流行的市场社会主义观点，认为这种理论的前途是渺茫的。他主张未来的生态社会主义要实行"经济收缩"政策以实现真正可持续性发展，坚持平等团结合作的社会主义价值观以塑造社会主义"新人"，推动文化的根本转型，以适应生态"律令"。进一步，萨卡指明了"道德进步"是实现生态社会主义的真正动力，"简单生活"是实现生态社会主义的可行途径。关于生态社会主义的实现前景，萨卡认为总的来看还是一项长远的事业，但中国满足创建一个可持续社会的前提条件。

从全球人民的共同利益出发，秉持共商共建的原则，构建世界各国民心所向、相互尊重的"人类命运共同体"已然成为世界潮流和不二选择，其中生态安全共同体是首要基础。从当前的全球问题的严重程度来看，萨拉·萨卡全球环境治理的"一个世界"主张无疑是紧扣当前的国际潮流和国际主题的，具有重要的现实意义。生态文明建设是一项涉及多领域多层面的庞大工程，既不能为了人类利益而牺牲自然利益，也不能为了生态保护而不顾人类发展，而是要以实现人类社会的真正可持续发展为目标，寻求人与自然、社会与生态均衡发展的最佳契合点，"建设持久和平、普遍安全、共同繁荣、开放包容、清洁美丽的世界"。

参考文献

一、学术专著

[1]［印］萨拉·萨卡.生态社会主义还是生态资本主义［M］.张淑兰译.济南：山东大学出版社，2012.

[2]马克思恩格斯文集（第1－10卷）［M］.北京：人民出版社，2009.

[3]马克思恩格斯选集（第1－4卷）［M］.北京：人民出版社，2012.

[4]马克思恩格斯全集（第3、46卷）［M］.北京：人民出版社，2002、2003.

[5]马克思.1844年经济学哲学手稿［M］.北京：人民出版社，2000.

[6]中国共产党第十七次全国代表大会文件汇编［G］.北京：人民出版社，2007.

[7]中国共产党第十八次全国代表大会文件汇编［G］.北京：人民出版社，2012.

［8］中共中央关于全面深化改革若干重大问题的决定［M］.北京：人民出版社，2013.

［9］习近平总书记系列重要讲话读本［M］.北京：人民出版社，2014.

［10］胡锦涛.坚定不移沿着中国特色社会主义道路前进，为全面建成小康社会而奋斗——在中国共产党第十八次全国代表大会上的报告［M］.北京：人民出版社，2012.

［11］俞吾金.国外马克思主义研究论丛（第1、2辑）［M］.北京：人民出版社，2009、2010.

［12］张一兵.文本的深度耕犁：西方马克思主义经典文本解读［M］.北京：中国人民大学出版社，2004.

［13］徐崇温.怎样认识"西方马克思主义"［M］.重庆：重庆出版社，2012.

［14］郇庆治.重建现代文明的根基——生态社会主义研究［M］.北京：北京大学出版社，2010.

［15］解保军.生态学马克思主义名著导读［M］.哈尔滨：哈尔滨工业大学出版社，2014.

［16］时青昊.20世纪90年代以后的生态社会主义［M］.上海：上海人民出版社，2008.

［17］王雨辰.生态批判与绿色乌托邦——生态学马克思主义理论研究［M］.北京：人民出版社，2009.

［18］王雨辰.哲学的批判与解放乌托邦［M］.哈尔滨：黑龙江大学出版社，2007.

［19］王雨辰.哲学与文化价值批判：解读当代西方马克思主义

［M］．武汉：湖北人民出版社，2006.

［20］衣俊卿．西方马克思主义概论［M］．北京：北京大学出版社，2008.

［21］衣俊卿．20世纪的新马克思主义［M］．北京：中央编译出版社，2001.

［22］许艳梅．生态学马克思主义［M］．北京：社会科学文献出版社，2007.

［23］周穗明．20世纪西方新马克思主义发展史［M］．北京：学习出版社，2004.

［24］周穗明．20世纪末西方新马克思主义［M］．北京：学习出版社，2008.

［25］刘仁胜．生态学马克思主义概论［M］．北京：中央编译出版社，2007.

［26］胡大平．西方马克思主义哲学概论［M］．北京：北京师范大学出版社，2010.

［27］铁省林．国外马克思主义概论［M］．济南：山东人民出版社，2012.

［28］黄小寒，李慎明．历史在这里沉思——苏联解体20周年祭［M］．北京：社会科学文献出版社，2011.

［29］江流，陈之骅．苏联演变的历史思考［M］．北京：中国社会科学出版社，1994.

［30］黄宗良．书屋论政——苏联模式政治体制及其变易［M］．北京：人民出版社，2005.

［31］曾文婷．"生态学马克思主义"研究［M］．重庆：重庆出

版社，2008.

[32] 康瑞华. 批判构建启思——福斯特生态学马克思主义思想研究 [M]. 北京：中国社会科学出版社，2011.

[33] 倪瑞华. 英国生态学马克思主义研究 [M]. 北京：人民出版社，2011.

[34] 郭剑仁. 生态地批判——福斯特的生态学马克思主义思想研究 [M]. 北京：人民出版社，2008.

[35] 金挥，陆南泉，张康琴. 论苏联经济 [M]. 沈阳：辽宁人民出版社，1982.

[36] 郑湘萍. 生态学马克思主义的生态批判理论研究 [M]. 北京：中国书籍出版社，2013.

[37] 陆南泉，姜长斌. 苏联剧变深层次原因研究 [M]. 北京：中国社会科学出版社，1999.

[38] 臧立. 马克思恩格斯论环境 [M]. 北京：中国环境科学出版社，2003.

[39] 李世书. 生态学马克思主义的自然观研究 [M]. 北京：中央编译出版社，2010.

[40] 李惠斌. 生态文明与马克思主义 [M]. 北京：中央编译局出版社，2008.

[41] 韩立新. 环境价值论 [M]. 昆明：云南出版社，2005.

[42] 奚广庆，王谨. 西方新社会运动初探 [M]. 北京：中国人民大学出版社，1993.

[43] [英] J. 葛里哥利，D. 雪夫. 苏联地理 [M]. 上海：开明书店，1951.

［44］苏联中央统计局．苏联国民经济发展七十年［M］．北京：生活·读书·新知三联书店，1988.

［45］苏联中央统计局.1985年苏联国民经济［M］．莫斯科：财政与统计出版社，1986.

［46］苏联中央统计局．苏联国民经济60年［M］．北京：生活·读书·新知三联书店，1978.

［47］苏联国家统计委员会．苏联与外国1987［M］．莫斯科：财政与统计出版社，1988.

［48］苏联中央统计局．苏联国民经济发展七十年［M］．北京：生活·读书·新知三联书店，1988.

［49］［俄］戈尔巴乔夫，［德］勃兰特等．未来的社会主义［M］．北京：中央编译出版社，1994.

［50］［俄］瓦·博尔金．戈尔巴乔夫沉浮录［M］．李永全，等译．北京：中央编译出版社，1998.

［51］［美］兹比格涅夫·布热津斯基．大控制与大混乱［M］．潘嘉玢，等译．北京：中国社会科学出版社，1994.

［52］［俄］叶·普里马科夫．思想之声［M］．北京：中央编译出版社，2012.

［53］［美］弗朗西斯·福山．历史的终结及最后的人［M］．陈高华译．桂林：广西师范大学出版社，2014.

［54］［美］约翰·贝拉米·福斯特．马克思的生态学——唯物主义与自然［M］．刘仁胜，肖峰译．北京：高等教育出版社，2006.

［55］［英］戴维·佩珀．生态社会主义：从深生态学到社会正义［M］．刘颖译．济南：山东大学出版社，2008.

[56]［美］大卫·格里芬.全球民主和生态文明［A］//李惠斌,薛晓源,王治河.生态文明与马克思主义［C］.上海:华东师范大学出版社,2008.

[57]［美］约翰·贝拉米·福斯特.生态危机与资本主义［M］.耿建新译.上海:上海译文出版社,2006.

[58]［美］詹姆斯·奥康纳.自然的理由:生态学马克思主义研究［M］.唐正东,臧佩洪译.南京:南京大学出版社,2003.

[59]［美］德内拉·梅多斯,乔根·兰德斯,丹尼斯·梅多斯.增长的极限［M］.李涛,王智勇译.北京:机械工业出版社,2013.

[60]［加］本·阿格尔.西方马克思主义概论［M］.慎之,等译.北京:中国人民大学出版社,1991.

[61]［英］亚历克·诺夫.可行的社会主义经济［M］.唐雪葆,等译.北京:中国社会科学出版社,1988.

[62]［德］马尔库塞.单向度的人［M］.上海:上海译文出版社,2006.

[63]［美］米都斯等.增长的极限［M］.李涛,王智勇译.北京:机械工业出版社,2014.

[64]［匈］卢卡奇.历史与阶级意识［M］.北京:商务印书馆,1997.

[65]［日］岩佐茂.环境的思想——环境保护与马克思主义的结合处［M］.韩立新,等译.北京:中央编译出版社,1997.

[66]［英］安德鲁·多布森.绿色政治思想［M］.郇庆治译.济南:山东大学出版社,2005.

[67]［德］霍克海默,阿道尔诺.启蒙辩证法:哲学断片［M］.

上海：上海人民出版社，2006.

[68]［德］霍克海默．批判理论［M］．重庆：重庆出版社，1989.

[69]［德］哈贝马斯．作为"意识形态"的技术与科学［M］．郭官义，李黎译．上海：学林出版社，1999.

[70]［德］哈贝马斯．晚期资本主义的合法性问题［M］．上海：上海人民出版社，2000.

[71]［德］哈贝马斯．重建历史唯物主义［M］．郭官义译．北京：社科文献出版社，2000.

[72]［英］乔纳森·休斯．生态与历史唯物主义［M］．南京：江苏人民出版社，2011.

[73]［美］雷切尔·卡逊．寂静的春天［M］．长春：吉林人民出版社，1997.

[74]［英］科亨．卡尔·马克思的历史理论［M］．段忠桥译．北京：高等教育出版社，2008.

[75]［加］威廉·莱易斯．自然的控制［M］．重庆：重庆出版社，1996.

二、学术论文

[1]［印］萨拉·萨卡．资本主义还是生态社会主义——可持续社会的路径选择［J］．郇庆治译．绿叶，2008（6）.

[2]［印］萨拉·萨卡．当代资本主义危机的政治生态学批判［J］．申森译．国外理论动态，2013（2）.

[3]［印］萨拉·萨卡．结论 生态社会主义的前景［J］//重建现

代文明的根基——生态社会主义研究［M］. 北京：北京大学出版社，2010.

［4］［印］萨拉·萨卡. 生态资本主义的幻象［J］. 申森译. 鄱阳湖学刊，2014（1）.

［5］［德］萨拉·萨卡，布鲁诺·科恩. 生态社会主义还是野蛮堕落？——一种对资本主义的新批判［J］. 陈慧，林震译. 马克思主义与现实，2011（3）.

［6］［印］萨拉·萨卡，王聪聪. 红绿政治新发展：激进绿色左翼的思考——萨拉·萨卡访谈录［J］. 中国地质大学学报（社会科学版），2014（6）.

［7］张永刚，钟明华. 萨拉·萨卡生态社会主义的伦理诉求［J］. 教学与研究，2013（7）.

［8］徐春. 萨拉·萨卡生态社会主义的中国价值［J］. 岭南学刊，2011（1）.

［9］蒋小竞. 萨拉·萨卡生态社会主义思想的缘起［J］. 人民论坛，2013（6）.

［10］蔡华杰. 只有重构社会主义才能克服生态危机——萨拉·萨卡的生态社会主义思想论析［J］. 中国地质大学学报（社会科学版），2010（5）.

［11］崔永杰. 戴维·佩珀对马克思恩格斯生态思想的诠释与重构［J］. 理论学刊，2012（11）.

［12］崔永杰. 福斯特对马克思"生态可持续性"思想的诠释［J］. 东岳论丛，2014（8）.

［13］李国锋. "人类同自然的和解"是实现中国梦的理论支撑

［J］. 理论学刊，2015（1）.

［14］李国锋. 社会主义生态文明的生成逻辑［J］. 理论月刊，2014（4）.

［15］李国锋. 社会主义生态文明：中国特色社会主义的发展方向［J］. 鄱阳湖学刊，2013（5）.

［16］陈学明. 在马克思主义指导下进行生态文明建设［J］. 江苏社会科学，2010（5）.

［17］郇庆治.21 世纪以来的西方绿色左翼政治理论［J］. 马克思主义与现实，2011（3）.

［18］郇庆治."包容互鉴"：全球视野下的"社会主义生态文明"［J］. 当代世界与社会主义，2013（2）.

［19］郇庆治.21 世纪以来的西方生态资本主义理论［J］. 马克思主义与现实，2013（2）.

［20］郇庆治，王立军. 欧美"绿色新政"：一种政治生态学分析［J］. 鄱阳湖学刊，2011（2）.

［21］王雨辰. 论生态学马克思主义的生态价值观［J］. 北京大学学报，2009（5）.

［22］王雨辰. 福斯特的生态学马克思主义理论评析——生态唯物主义哲学的重建与生态政治哲学［J］. 马克思主义研究，2006（12）.

［23］岳丽艳. 人的全面发展与"新人"培养——弗罗洛夫全方位综合研究人的"新人"理论［J］. 山东社会科学，2006（6）.

［24］张季平.20 世纪90 年代以来的生态社会主义研究［D］. 呼和浩特：内蒙古大学，2011.

［25］陈食霖. 人与自然的矛盾及其化解：评福斯特的生态危机论

[J]．国外社会科学，2007（2）．

[26] 姜佑福．生态社会主义的两种基本面相及其内在理论张力[J]．马克思主义与现实，2010（6）．

[27] 蔡华杰．"第一时代"社会主义的生态环境问题——西方生态社会主义者的先行研究[J]．西南交通大学学报（社会科学版），2013（2）．

[28] 蔡华杰．人口是环境破坏的原因吗？——评生态社会主义内部的一场论辩[J]．华中科技大学学报（社会科学版），2010（6）．

[29] 蔡华杰．论生态社会主义对生态资本主义的批判[J]．延边大学学报（社会科学版），2013（1）．

[30] 刘克明．论苏联共产党的官僚特权阶层[J]．俄罗斯中亚东欧研究，2003（3）．

[31] 王谨．生态学马克思主义和生态社会主义[J]．教学与研究，1986（6）．

[32] 胡振良．中国特色社会主义首先是一种价值[J]．探索与争鸣，2013（8）．

[33] 段忠桥．国外马克思主义者关于市场社会主义的争论[J]．马克思主义与现实，2006（3）．

[34] 曾文婷．"生态学马克思主义"与马克思主义的关系探析[J]．中州学刊，2006（1）．

[35] 刘仁胜．约翰·福斯特对马克思生态学的阐释[J]．石油大学学报，2004（2）．

[36] 刘仁胜．生态马克思主义发展概况[J]．当代世界与社会主义，2006（3）．

［37］蔡仕炳．略论生态学马克思主义的循环消费思想［J］．当代社科视野，2010（3）．

［38］徐志宏，周杨．论生态市场经济与社会主义制度的契合［J］．黑龙江社会科学，2010（5）．

［39］赵薇．信仰的缺失与重建［J］．山东社会科学，2006（8）．

［40］任皜．科技视阈下的绿色之维：西方生态学马克思主义的技术观［J］．江汉论坛，2007（7）．

［41］郑湘萍．生态学马克思主义视域下技术与生态批判［J］．湖北社会科学，2009（8）．

［42］刘仁营，裘白莲．评福山的"历史终结论"［J］．红旗文稿，2009（18）．

［43］陈学明．马克思主义与生态文明建设［J］．新华文摘，2010（10）．

［44］陈志尚．论生态文明、全球化与人的发展［J］．新华文摘，2010（10）．

［45］唐正东．生产条件的批判之维与当代资本主义的超越之路［J］．南京社会科学，2007（6）．

［46］王青．泰德·本顿的生态学马克思主义思想研究［D］．山东：山东师范大学，2015．

［47］卢森堡．唐春华，周家碧译．社会民主党的危机［EB/OL］．http：//marxists. anu. edu. au/chinese/Rosa－Luxeniburg/Rosa－191604. htm.

［48］信息革命与当代10大生态危机——信息革命与生态文明系列谈（6）［EB/OL］．中国林业网，http：//www. forestry. gov. cn//portal/main/s/72/content－610514. html，2013－6－24.

[49] 约翰·贝拉米·福斯特. 失败的制度：资本主义全球化的世界危机及其对中国的影响 [J]. 马克思主义与现实, 2009（3）.

[50] 约翰·贝拉米·福斯特. 社会主义的复兴 [J]. 当代世界与社会主义, 2006（1）.

[51] [法] 米切尔·洛维. 聂长久译. 贝伦生态社会主义宣言 [J]. 当代世界社会主义问题, 2010（2）.

[52] [美] 大卫·科兹. 苏联解体的原因 [J]. 当代思潮, 2000（5）.

[53] [爱尔兰] 维多里奥·布法切. 洪燕妮译. 21 世纪的社会主义模式：自由社会主义、民主社会主义和市场社会主义 [J]. 国外理论动态, 2015（1）.

三、英文文献

[1] Saral Sarkar. *Eco-socialism or Eco-capitalism? A Critical Analysis of Humanity's Fundamental Choices* [M]. London & New York：Zed Books Ltd. , 1999.

[2] Saral Sarkar. *The Crises of Capitalism：A Different Study of Political Economy* [M]. Berkeley：Counterpoint, 2012.

[3] Saral Sarkar. *The Future of Socialism – Which Socialism?* [J]. Alternatives, Vol. 16, No. 3, 1991.

[4] Saral Sarkar. Marxism and Productive Forces：A Critique [J]. *Alternatives*, Vol. 9, No. 1, 1983.

[5] Saral Sarkar. The Green Movement in West Germany [J]. *Alternatives*, Vol. 11, No. 2, 1986.

[6] Saral Sarkar. Madrasa Modernisation Programme: An Assessment [J] . *Economic and Political Weekly*, Vol. 40, No. 53, 2005.

[7] Saral Sarkar. *Prospects For Eco-socialism* [EB/OL] . http: // www. countercurrents. org/sarkar310514. htm. 2014 − 5 − 31.

[8] Saral Sarkar. A Proposal For An Eco-socialist Synthesis in The O-verpopulation Dispute [J] . *Cologne*, Vol. 12, No. 2, 1993.

[9] Saral Sarkar. Two Different Demographic Crises—Some Eco-socialist Reflections [EB/OL] . http: //www. saralsarkar@ t − online. de, 2013 − 11 − 27.

[10] Reiner Grundmann. *Marxism and Ecology* [M] . Clarendon Press, 1991.

[11] Ted Benton. Marxism and Natural Limits: An Ecological Critique and Reconstruction [J] . *New Left Review*, No. 178, 1989.

[12] André Gorz. *Capitalism · Socialism · Ecology* [M] . London: Verso, 1994.

[13] André Gorz: *Critique of Economic Reason* [M] . London: Verso, 1989.

[14] Derek Wall. *The Rise of the Green Left: Inside the Worldwide Eco-socialist Movement* [M] . London & New York: Pluto Press, 2010.

[15] Alec Nove. *The Economics of Feasible Socialism* [M] . London: George Allen & Unwin, 1983.

[16] *Foundations of Market Socialism* [M] . Oxford: Clarendon Press, 1989.

[17] Erich Fronun. *To Have Or To Be?* [M] . New York: The Contin-

uum Publishing Company, 2008.

[18] John Bellamy Foster. *The Vulnerable Planet: a Short Economic History of the Environment* [M] . New York: Monthly Review Press, 1999.

[19] David Pepper. *Eco-Socialism: From Deep Ecology to Social Justice* [M] . London and New York: Routledge, 1993.

[20] Joel KoveL. The Eco-feminist Ground of Eco-socialism [J] . *Capitalism Nature Socialism*, Vol. 3, No. 16, 2005.

[21] James Lovelock. The Earth is about to catch a morbid fever [J] . *The Independent*, Vol. 16, No. 1, 2006.

[22] James O'Connor. *Natural Causes* [M] . The Guilford Press, 1998.